ディズニー 物語にでてくる おいしいレシピ

レシピ制作：ABC Cooking Studio

宝島社

CONTENTS

ミッキー＆ミニーのダイナーズレシピ

- 06. アメリカンダイナーのもっちりパンケーキ
- 08. チリビーンズ＆ベイクドポテト
- 09. ミッキーのとろ〜り★ピザカップ
- 10. ミニーのストロベリーロールケーキ
- 11. ミッキー＆ミニーのいちごのふんわりシフォン

ドナルド＆デイジーのマリンレシピ

- 14. グリルドサーモン
- 15. デイジーのシーサイドカクテル
- 15. マリンサラダ
- 16. ドナルドのおしりシャーベット
- 17. レモンアイシングの浮き輪ドーナッツ

くまのプーさんのガーデンレシピ

- 20. 100エーカーの森のオープンサンド
- 22. ラビット畑の野菜のハニーフリット
- 23. ラビット自家製キャロットのポタージュ
- 24. くまのプーさんのはちみつレモンクリームパン
- 25. くまのプーさんのはちみつフルーツパンケーキ

リロ＆スティッチのハワイアンレシピ

- 28. ハワイアン★ロコモコ
- 30. ガーリックシュリンプサラダ
- 31. トロピカルフルーツポンチ
- 31. リロ＆スティッチのノンアルコールチチ
- 32. ダークチェリーチョコレートケーキ

- 33. **COLUMN 1**
  料理大好き！
  ミッキーとその仲間たち！

アナと雪の女王のフローズンレシピ

- 36. お城のライスケーキ
- 38. アナと雪の女王のクリスタルケーキ
- 39. ブルーベリーのフローズンドリンク
- 40. 白い野菜のホットサラダ
  〜オニオンキャロットドレッシング〜
- 41. カッテージチーズのフルーツスノーボール

シンデレラの舞踏会レシピ

- 44. 牛肉のロティ
  〜プリンセス仕立て〜
- 45. 魔法使いのヴェリーヌ
- 46. 舞踏会のアミューズ
- 47. ガラスの靴のストロベリームース

Tangled -Rapunzel-

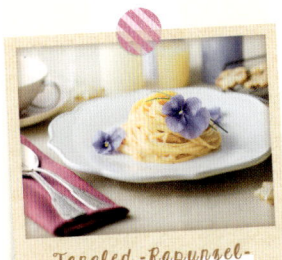

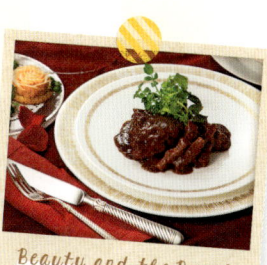

美女と野獣の晩餐会レシピ

50. マジックローズのタラモサラダ
51. 鶏肉の赤ワイン煮込み
52. 美女と野獣の晩餐会ポタージュ
53. ベルの本のケーキ

Beauty and the Beast

塔の上のラプンツェルのファンタジーレシピ

56. ラプンツェルの黄金クリームパスタ
57. ヘーゼルナッツのスープ
58. 塔の上のチョコチップクッキー
59. ブルーベリーとマンゴーのアイス

白雪姫の森の果実レシピ

62. 白雪姫のきのこクリームシチュー
63. 森のくるみとベリーのサラダ
64. 白雪姫の焼きりんご
65. りんごのヴィシソワーズ

リトル・マーメイドのラグーンレシピ

68. あさりのフライパンパエリア
69. マーメイドラグーンの海藻サラダ
70. リトル・マーメイドの海色レモンゼリー
71. ほたてチャウダーのシェルバーガー

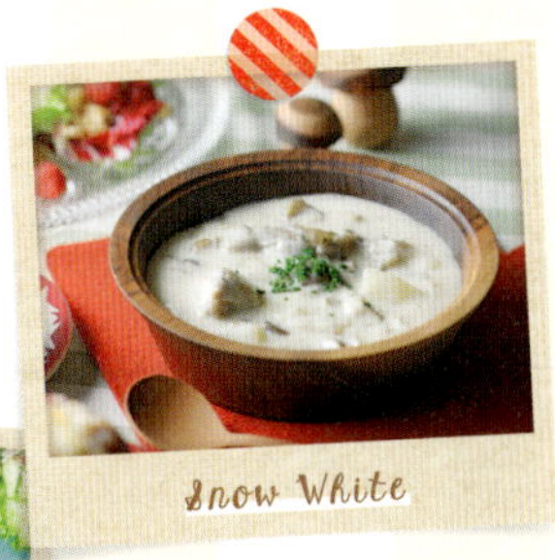

Snow White

Aladdin

The Little Mermaid

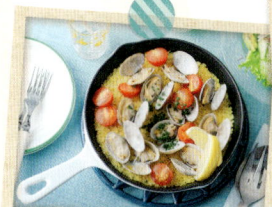

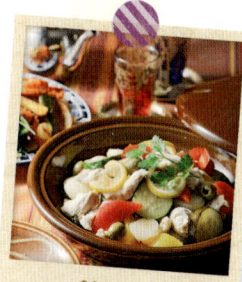

アラジンのアラビアンレシピ

74. アラジンとジーニーのチキンレモン蒸し
76. アグラバー宮殿のクスクスプレート
77. アラジンVSジャファーの真っ赤な豆のスープ
78. アブーのアップルベニエ
79. ジャスミンのジュエルゼリーポンチ

ふしぎの国のアリスのワンダーレシピ

82. アリスのアフタヌーンティーサンドイッチ
84. チェシャ猫のサラダ
85. アリスのベリー♥ベリーフロマージュ
86. ハートの女王のトマトのスープ
87. トランプのジャムサンドクッキー

ピーター・パンのネバーランドレシピ

90. フック船長の骨付きチキングリル～サコタッシュ添え～
91. ティンカー・ベルのサラダ
92. 海の幸たっぷり！ 海賊のごちそうブイヤベース
93. 空飛ぶ魔法のパスタ
94. ピーター・パンとティンカー・ベルのスムージー
95. COLUMN 2 ストーリーを盛り上げる悪女なキャラクターたち！

Alice in Wonderland

Peter Pan

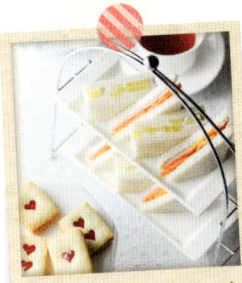

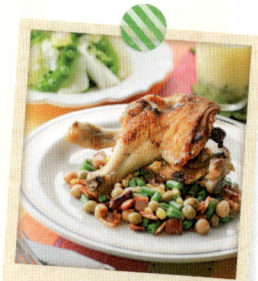

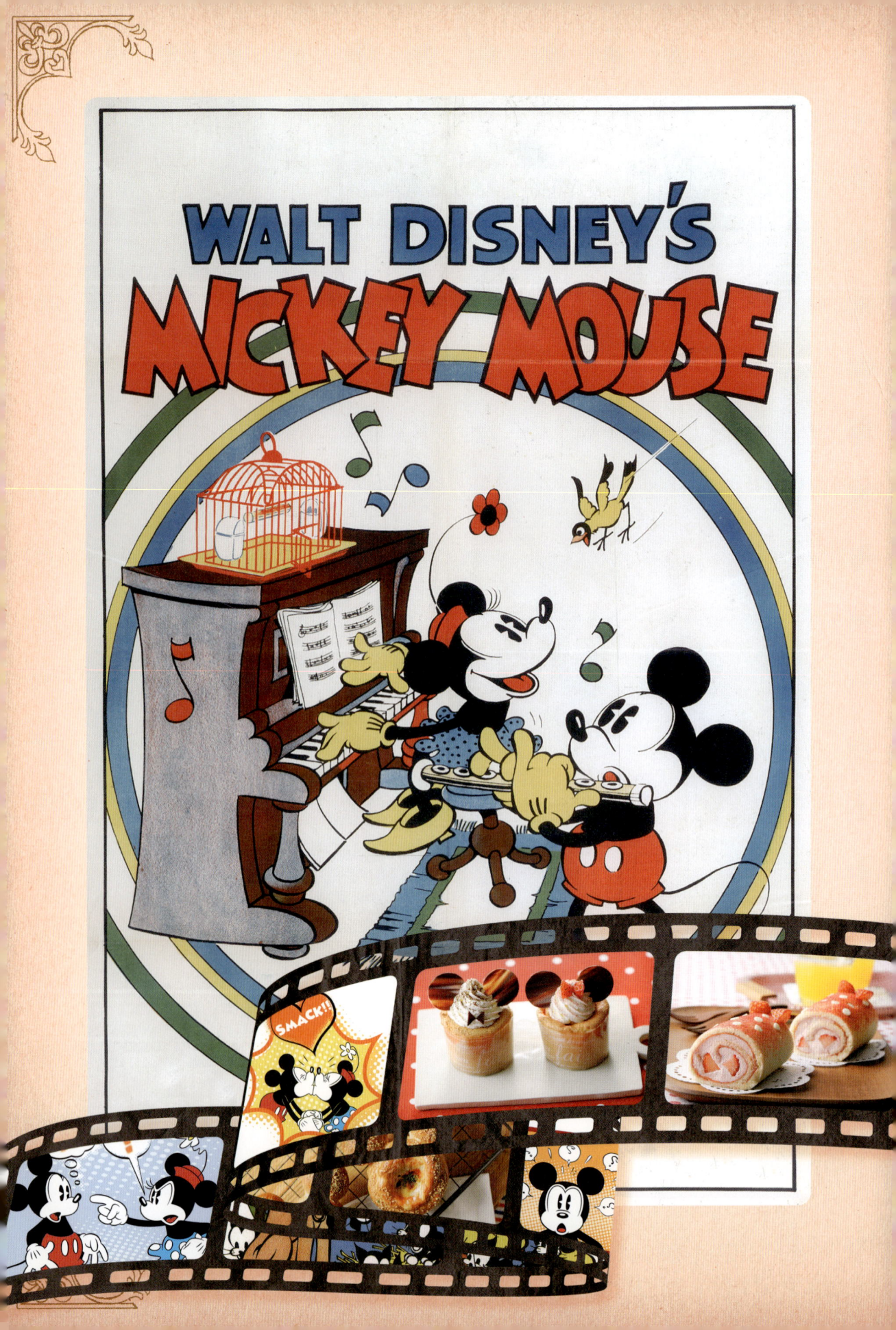

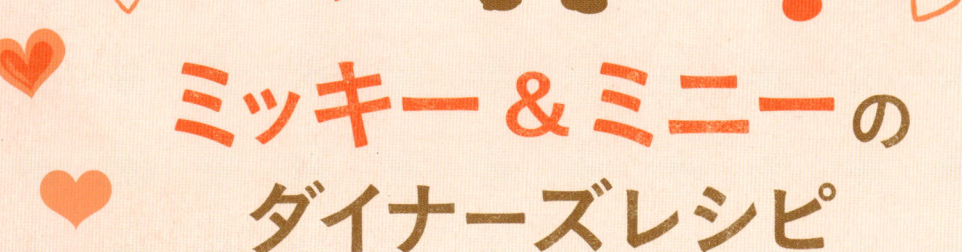

ミッキー&ミニーの ダイナーズレシピ

アツアツのポテトやパンケーキ……。

ミッキーのストーリーには、古き良き時代の

アメリカを思わせる料理がいっぱい！

なかでもミニーがつくるスイーツは絶品！

ミッキーはもちろん仲間たちの間で大評判。

でも、たまには失敗も……。そんなときは

優しい彼がちゃんとフォローしてくれるから大丈夫。

だって、ミッキーはミニーが大好きだから。

とくにエプロン姿のミニーには弱いみたい♡

あら〜！ ミニーの家から甘いバターの匂いが〜。

新作スイーツにチャレンジしているのかな？

RECIPE 01
アメリカンダイナーの もっちりパンケーキ

材料(2人分)

- 卵黄…2個分
- プレーンヨーグルト…小さじ2
- 牛乳…20㎖
- バニラエッセンス…少々
- A 薄力粉…40g
-   ベーキングパウダー…小さじ1½
- 卵白…2個分
- 砂糖…大さじ1
- サラダ油…小さじ½ (▲)
- ベーコン…4枚
- トマト(厚さ1cm 輪切り)…4枚
- サラダ油…小さじ½ (★)
- 塩…小さじ⅛
- 黒こしょう…少々
- メープルシロップ…適量

つくりかた

1. ボウルに卵黄、プレーンヨーグルトを入れ、よく混ぜ、牛乳、バニラエッセンスを加えて、さらによく混ぜる。
2. Aを合わせてふるい入れ、よく混ぜる。
3. 別のボウルに卵白と砂糖を入れ、角が立つまで泡立てる。2に2回に分けて加え、ゴムベラで切り混ぜる。
4. フライパンにサラダ油(▲)を熱し、3を流し入れて焼く(1人2枚 中火 約3分)。焼き色がついたら裏返し、フタをして焼く(弱火 約3分)。
5. 別のフライパンにサラダ油(★)を熱し、ベーコンとトマトを入れ、両面に焼き色をつけ、塩、黒こしょうをふる。
6. 器に4と5を盛り付け、メープルシロップをお好みでかける。

STORY

デビュー作は1928年の「蒸気船ウィリー」。ミッキーは船長に無断で船を操縦したり、港で船に乗り遅れたミニーをクレーンで吊り上げてデッキに乗せたりと、はちゃめちゃで愉快な船員。でも、最後は船長のピートに叱られ、大量のじゃが芋の皮をひとりでむくことに。「ミッキーの移動住宅」のストーリーでもミッキーはエプロン姿でじゃが芋を使った料理を披露しています。アメリカンダイナーで定番のポテト料理。ミッキーたちも大好きなようです。

ベーコンやトマトを添えた
ふんわりもちもちパンケーキはミッキーたちのデートの定番！

RECIPE 02
チリビーンズ＆ベイクドポテト

材料(2人分)

じゃが芋(メークイーン)…2個
合い挽き肉…80g
にんにく(みじん切り)…¼片分
玉ねぎ(みじん切り)…40g
サラダ油…小さじ½
レッドキドニービーンズ(水煮)…30g
A　カットトマト(水煮)…50g
　　赤ワイン…小さじ2
　　トマトケチャップ…小さじ2
　　コンソメ(顆粒)…小さじ½
　　チリパウダー…小さじ1
　　クミンパウダー…小さじ¼
　　砂糖…小さじ¼
塩…小さじ¼
黒こしょう…少々
スライスチーズ(チェダー)…2枚
サワークリーム…20g
パセリ(みじん切り)…適量

つくりかた

1. じゃが芋はぬれたキッチンペーパーとラップで包み、耐熱皿にのせ、電子レンジで加熱し(500W 約5分)、十文字の切り込みを入れる。

2. フライパンにサラダ油を熱し、にんにく、玉ねぎを入れ、しんなりするまで炒める。

3. 合い挽き肉を加え、そぼろ状になるまで炒め、レッドキドニービーンズを加え炒める。

4. Aを加えて混ぜ、沸騰したら弱火にし、煮詰める。塩、黒こしょうで味をととのえる。

5. じゃが芋にスライスチーズをのせ、クッキングシートを敷いた天板にのせ、予熱したオーブンで焼く(250℃ 約10分)。

6. 5を器に盛り付け、4とサワークリームをのせ、パセリをちらす。

ホクホク＆アツアツポテトに
スパイシーなチリビーンズで
2人の仲までHotに！

ミッキー&ミニーのダイナーズレシピ
Mickey & Minnie House

材料(6個分)

- A ┃ 強力粉…200g
-   ┃ 全粒粉…40g
-   ┃ インスタントドライイースト…小さじ1 $\frac{1}{3}$
-   ┃ 砂糖…大さじ2
-   ┃ 塩…小さじ$\frac{1}{2}$
-   ┃ バター(食塩不使用)…20g
-   ┃ 溶き卵…大さじ1
- ぬるま湯…115〜125ml
- 市販のピザソース…60g
- 溶き卵(塗り用)…適量
- 粉チーズ…大さじ1
- ピザ用チーズ…20g
- パセリ(乾燥)…適量

つくりかた

下準備
卵・バターは室温に戻しておく。

1. ボウルにAを入れ、ぬるま湯を加え、混ぜる。まとまったら台の上でなめらかになるまでこねる。丸めてボウルに入れラップをかけ、発酵させる(40℃ 約30分)。

2. 発酵させた生地のガス抜きをし、180g取り分け、12等分にして丸める。残りの生地は6等分にして丸め、ぬれ布巾をかけて休ませる(約10分)。

3. 6等分にした生地の閉じめを上にして、直径10cm位の円に広げ、直径8cmの丸抜き型で抜く。外側のリングをねじって8の字状にして折り重ね、直径8cmの生地の上にのせ、ふちをつくる。

4. 12等分にした生地の2つを丸め直し、3とともにクッキングシートの上にのせ、ミッキーの形にととのえ、中央にピザソースをのせる(同様に合計6個つくる)。

5. 天板にのせ、ラップ、ぬれ布巾をかけて発酵させる(40℃ 約20分)。

6. 生地の表面にはけで卵を塗り、粉チーズをふる。中央にはピザ用チーズをのせ、予熱したオーブンで焼く(180℃ 約14分)。焼き上がったら、パセリをちらす。

大人気のミニーの
レストランで
とろ〜りチーズの
ピザカップを召し上がれ

RECIPE 03

ミッキーの
とろ〜り★ピザカップ

Happy Birthday

ミニーのスイーツは甘〜い恋の味♥
リボンをかたどったいちごがついて
バースデーにぴったり！

RECIPE 04

ミニーの ストロベリー ロールケーキ

材料（4本分）

- 卵…2個
- 砂糖…50g（▲）
- 薄力粉…50g
- A サラダ油…小さじ2
- 　牛乳…小さじ2
- 　バニラエッセンス…少々
- B ラズベリージャム…30g
- 　水…大さじ2

- クリームチーズ…60g
- 砂糖…10g（◆）
- ラズベリージャム…20g
- 生クリーム…160g
- いちご…4個（60g）
- いちごのフリーズドライパウダー…小さじ1
- ホワイトチョコチップ…40粒

つくりかた

下準備
いちごは先端を約1cm切り落として縦半分に切る（いちごのリボン）。残りは1cm角に切っておく（★）。

1. ボウルに卵と砂糖（▲）を入れ、白くもったりするまで泡立てる。薄力粉をふるい入れ、ゴムベラで切り混ぜる。粉気が少し残っている位でAを加え、さらに切り混ぜる。

2. 生地全体につやが出たら、紙型（30×40×高さ2cm）に流し入れ、全体を平らにする。空気抜きをし、予熱したオーブンで焼く（180℃ 約10分）。粗熱が取れたら、ラップをかける。

3. ボウルにクリームチーズを入れてほぐし、砂糖（◆）、ラズベリージャムを加え混ぜる。生クリームを少しずつ加えながら、その都度混ぜて8分立てにする。

4. 2の紙型をはずし、半分に切る（30×20cm 2枚）。縦長になるように置き、奥を斜めに切り落とす。

5. Bを混ぜ合わせ、4全体に塗る。奥2cmを残して3を塗り広げ、★をちらして巻く。クッキングシートにくるんで、冷蔵庫で落ち着かせる。

6. 5をそれぞれ半分に切り、いちごパウダーをふりかける。ホワイトチョコチップを差し込み、いちごのリボンを飾る。

RECIPE 05
ミッキー＆ミニーの いちごのふんわりシフォン

材料（8個分）

- **A** 卵黄…3個分
  - 砂糖…30g
- **B** サラダ油…30mℓ
  - バニラエッセンス…少々
- 水…30mℓ
- **C** 薄力粉…70g
  - ベーキングパウダー…小さじ½
- **D** 卵白…3個分
  - 砂糖…35g

【いちごソース】
- **E** ラズベリージャム…15g
  - シロップ…5mℓ
- いちご…3個

【チーズクリーム】
- **F** クリームチーズ…40g
  - 砂糖…15g
- 生クリーム…120g
- レモンのしぼり汁…小さじ1

【飾り】
- シートチョコ…15×8cm位
- いちごのフリーズドライパウダー…小さじ¼
- ココアパウダー…小さじ¼
- アラザン（1mm）…小さじ¼

つくりかた

下準備
- いちご（2個）は先端を約1cm切り落とし、縦半分に切る（★）。残りはすべて7～8mm角に切り、混ぜ合わせておく（▲）。
- シートチョコは丸抜き型（直径3.5cm）で8枚抜き（◆）、余りで一辺1cmの正三角形を4つつくる（※）。

1. ボウルに**A**を入れ、混ぜる。**B**を加えて混ぜ、水を2回に分けて加え、**C**を合わせてふるい入れさらに混ぜる。

2. 別のボウルに**D**を入れ角が立つまで泡立てる。

3. 1に2を2回に分けて加え、切り混ぜる。マフィンカップに分け入れ、空気抜きをし、予熱したオーブンで焼く（180℃ 18分～）。

4. ボウルに**F**を入れて混ぜ、生クリームを3回に分けて加え、泡立てる。レモンのしぼり汁を加え、7～8分立てにし、星口金をつけたしぼり袋に入れる。

5. 3の中央をスプーンでくり抜き、混ぜ合わせた**E**と▲を入れ4をしぼる。

6. 8個のうち、2個にいちごパウダー、◆、★を飾り、2個にココアパウダー、◆、※を飾り、4個にアラザンを飾る。

Happy Birthday

大好きな人のお誕生日には「ずっと一緒だよ」の願いを込めたふわふわのケーキでお祝いを♥

ドナルド＆デイジーの
マリンレシピ

ドナルドはオシャレでセクシーなデイジーに夢中。

ギャアギャア声でトラブルメーカーのドナルド。

ちょっと頼りないけれど、

彼女にかっこいいところを見せたくて、

頑張っちゃうところがカワイイ！

デイジーもそんな彼のことがとっても愛しいみたい。

そんな2人の大好きなデートスポット

"海"をイメージした、さわやかな料理が登場します。

波の音を聞きながら召し上がれ！

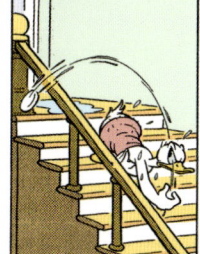

グリルドサーモン

材料(2人分)

- 生鮭…2切れ (200g)
- A 塩…小さじ⅛
  - 黒こしょう…少々
  - はちみつ…小さじ1
  - レモン(輪切り)…¼個分
- オリーブオイル…小さじ1
- 海老(殻付き)…4尾
- にんにく(みじん切り)…1片分
- オリーブオイル…小さじ1
- 塩…少々
- B 赤パプリカ(2cm角)…40g
  - 黄パプリカ(2cm角)…40g
  - ズッキーニ(2cm角)…40g
  - じゃが芋(2cm角)…80g
- 塩…少々
- レモン(輪切り)…¼個分
- ディル…適量

つくりかた

下準備
- Aを混ぜ合わせて生鮭を漬け込む(10分〜◆)。
- じゃが芋は耐熱容器に入れ、ふんわりとラップをかけ、電子レンジで加熱しておく(500W 1分〜)。
- 海老は背中に切り込みを入れ、背ワタを除き、塩水(分量外)、真水の順に洗い、水気を切っておく。

1. フライパンにオリーブオイルとにんにくを入れ熱し、香りが出たら海老を加え、炒める。中まで火が通ったら塩をふり、取り出す。
2. 1のフライパンにBを入れて炒め、火が通ったら塩をふり、取り出す。
3. フライパンをさっと拭き、オリーブオイルを熱し、◆を入れる。
4. 焼き色がついたら裏返し、弱火にしてフタをし、中まで火を通す。
5. 器に1・2・4を盛り付け、レモンとディルを飾る。

シーサイドで
潮風を感じながら
ちょっと大人のテイストで
シーフードを！

フレッシュベリーの
カクテル風ドリンクは
セクシーなデイジーにぴったり

RECIPE 07
デイジーの シーサイド カクテル

材料(2人分)

A ブルーベリー…30g
　ラズベリー…10g
　はちみつ…小さじ1

炭酸水…240mℓ
ミントの葉…適量
氷…適量

つくりかた

1. Aを混ぜ合わせておく(30分～)。
2. グラスに1、氷を入れて炭酸水を注ぎ、ミントを飾る。

RECIPE 08
マリンサラダ

彩り豊かなシーフードサラダは
ガーリックの効いた
いかがポイント

材料(2人分)

するめいか…1杯
(正味120g)
A にんにく(おろし)…小さじ½
　塩・黒こしょう…各少々
　パプリカ(粉末)…少々
薄力粉…大さじ2
揚げ油…適量

B プチトマト(横半分)…4個分
　マッシュルーム(薄切り)
　　…2個分
　レッドキドニービーンズ(水煮)
　　…40g
　黄パプリカ(薄切り)…40g
　ベビーリーフ…20g
　トレビス(ひと口大)…10g
塩・黒こしょう…各少々
レモンのしぼり汁…適量

つくりかた

1. するめいかは内臓と足を除き、よく洗って皮をむき、輪切りにし、Aで下味をつける(10分～)。
2. 1に薄力粉をまぶし、170℃の揚げ油で揚げる。
3. 器にBを彩りよく盛り付け、2をのせ、塩、黒こしょう、レモンのしぼり汁をかける。

口の中でふわりと
溶けちゃう
キュートなおしりに
一目ぼれ

材料(2人分)

- パイナップル(ひと口大)…120g
- A 砂糖…10g
- 　水…15ml
- 卵白…½個分
- 砂糖…5g
- アーモンドスライス…4枚

つくりかた

1. ミキサーにパイナップルと、電子レンジで加熱(500W 約20秒)した**A**を入れ、なめらかになるまで撹拌する。
2. ボウルに**1**を入れ、冷凍庫で凍らせる(3時間〜)。
3. **2**をフォークでほぐす。
4. ボウルに卵白と砂糖を入れ、角が立つまで泡立てる<POINT>。
5. 器に**3**を盛り付け、**4**をおしりの形にととのえてのせ、予熱なしのオーブンでローストした(160℃ 6分)アーモンドスライスを足に見立てて飾る。

< POINT >

卵白と砂糖は、しっかり角が立つまで泡立てます。

RECIPE 09
ドナルドの
おしりシャーベット

16

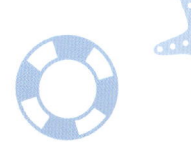

RECIPE 10
レモンアイシングの浮き輪ドーナッツ

甘酸っぱいストロベリーが
口いっぱいに広がる
かわいいミニドーナッツ

材料（8個分）

- A 薄力粉…160g
-   ベーキングパウダー…小さじ1
- 砂糖…40g
- 塩…少々
- B 溶き卵…1個分
-   牛乳…40ml
-   サラダ油…小さじ2
- 薄力粉（打ち粉）…適量
- 揚げ油…適量
- C 粉糖…40g
-   レモンのしぼり汁…小さじ1
-   水…小さじ½〜
- いちごのフリーズドライパウダー…適量

つくりかた

1. ボウルにAを合わせてふるい入れ、砂糖と塩を加え、ゴムベラでさっと混ぜ、Bを加えて混ぜる。
2. 粉っぽさがなくなったら手でまとめ、ラップに包み冷蔵庫で休ませる（30分）。
3. 台に打ち粉をし、2を12×20cmの長方形にのばす（厚さ1.5cm程度）。
4. 3を横8等分に切り（幅1.5cm長さ20cmの棒状）、端をつなげて輪をつくる。
5. 160℃の揚げ油できつね色になるまで揚げ、粗熱を取る。
6. Cを混ぜ合わせ、さらに水を少しずつ加え混ぜ、筋が残る位の固さにする<POINT>。ドーナッツの片面にレモンアイシングをつけ、乾いたらいちごパウダーを十字にかける。

＜POINT＞

レモンアイシングは、筋が残る位の固さにします。

くまのプーさんの
ガーデンレシピ

「パンにはコンデンスミルク？ それともはちみつをぬるかい？」

「両方！ でもパンはなくてもいいよ」

100エーカーの森に住むくまのプーさんは

ベトベトになりながら、壺を抱えてはちみつをぺろり。

なんとも幸せそうに食べるプーさんの姿を見たら、

誰だって無性にはちみつが食べたくなるはず！

そう、プーさんだけでなく、森の仲間もはちみつが大好き。

甘～いはちみつをたっぷり

そして、森の野菜をたくさん使ったレシピを

プーさんの仲間たちから教わりましょう。

RECIPE 11
100エーカーの森の オープンサンド

材料（2人分）

- バゲット…50g（4枚）

【サーモンディップ】
- スモークサーモン（粗みじん切り）…40g
- カッテージチーズ（裏ごしタイプ）…50g
- レモンのしぼり汁…小さじ¼
- 塩・黒こしょう…各少々
- ディル…1枝
- グリーンリーフ…½枚

【せりとアボカドのディップ】
- せり（みじん切り）…10g
- アボカド（1㎝角）…½個分
- レモンのしぼり汁…小さじ¼
- エキストラバージンオリーブオイル…小さじ½
- 塩・黒こしょう…各少々
- グリーンリーフ…½枚

【森の小さな野菜のピクルス】
- ミニアスパラガス…4本
- ミニキャロット…4本
- ラディッシュ…2個
- A 酢…40㎖
  - 砂糖…小さじ2
  - 塩…小さじ¼
  - ローリエ…1枚

つくりかた

【サーモンディップのオープンサンド】
1. ボウルにディルとグリーンリーフ以外の材料をすべて入れ、よく混ぜる。
2. 2枚のバゲットに食べやすい大きさにちぎったグリーンリーフを敷き、1をのせ、ディルを飾る。

【せりとアボカドのディップのオープンサンド】
1. ボウルにグリーンリーフ以外の材料をすべて入れ、よく混ぜる。
2. 2枚のバゲットにグリーンリーフを敷き、1をのせる。

【森の小さな野菜のピクルス】
1. ミニアスパラガスとラディッシュは根元を除き、ミニキャロットは皮をむく。
2. ボウルにAを合わせ、1を入れて漬ける（60分～）。
3. 器にオープンサンドを盛り付け、ピクルスを添える。

STORY

少年クリストファー・ロビンの部屋にある1冊の絵本からストーリーは始まります。食いしん坊のくまのプーさんが、はちみつを求めてラビットの家に行くと、ラビットはしぶしぶ自分のはちみつを差し出しました。するとプーさんは食べ尽くし、そのうえふくらんだお腹が出口にすっぽりはまって大騒ぎに！ また、大嵐で川に流されたプーさん。そのとき、偶然にもはちみつの壺に入ってピグレットが一緒に流されていて、プーさんはそれを助けます。その後、ピグレットを助けたプーさんを称えてみんなで森でパーティをすることに。そんな、森の仲間とのほのぼのとした友情物語が続いていきます。

くまのプーさんのガーデンレシピ
Winnie-the-Pooh

さあ、みんな集まって！
森の野菜たっぷりのオープンサンドを囲んで
ガーデンパーティを始めましょう♪

RECIPE 12
ラビット畑の 野菜のハニーフリット

材料(2人分)

- 鶏むね肉（ひと口大）…100g
- A はちみつ…小さじ1
- 塩・黒こしょう…各少々
- マッシュルーム…2個
- ズッキーニ（縦4等分）…20g
- 赤パプリカ（乱切り）…20g
- B 溶き卵…½個分
- 水…小さじ2
- 薄力粉…30g
- パン粉…25g
- C マスタード…15g
- はちみつ…5g

つくりかた

1. パン粉をフライパンで炒る。
2. Aで下味をつけた鶏むね肉に、混ぜ合わせたB、1の順に衣をつけ、天板にのせる。
3. マッシュルームとズッキーニ、パプリカをB、1の順に衣をつけ＜POINT＞、天板にのせる。
4. 予熱したオーブンで焼く（200℃ 15分〜）。
5. 器に彩りよく盛り付け、混ぜ合わせたCを添える。

＜POINT＞

パン粉は炒っておくことで、ノンフライでも全体がきつね色に仕上がります。

自慢の畑で採れたフレッシュ野菜を
やわらか＆サックサクのフリットに

くまのプーさんのガーデンレシピ
Winnie-the-Pooh

にんじんをお鍋でコトコト…
心まで優しくなれるスープのできあがり

RECIPE 13
ラビット自家製 キャロットのポタージュ

材料(2人分)

- にんじん(斜め薄切り)…100g
- オリーブオイル…小さじ1
- はちみつ…小さじ1
- A コンソメ(顆粒)…小さじ¼
  - 塩…小さじ⅛
  - 水…50㎖
  - 牛乳…150㎖
- 塩…少々
- セルフィーユ…適量

つくりかた

1. 鍋にオリーブオイル、にんじんを入れて炒める(中火10分〜)。
2. にんじんがしんなりしてきたら端に寄せ、はちみつを入れ、軽く焦がす。
3. Aを加えてひと煮立ちさせ、火を止めて粗熱を取る。
4. 3をミキサーでなめらかになるまで撹拌する。鍋に戻し入れて温め、塩で味をととのえる。
5. 器に盛り付け、セルフィーユを飾る。

STORY

働き者のラビットは、にんじんやかぶなどたくさんの野菜を自分の畑で栽培しています。しかし、せっかくおいしい野菜をつくっても、誰かしら仲間がやってきて、手伝ったり邪魔したりされてしまいます。

RECIPE 14
くまのプーさんの はちみつレモンクリームパン

材料(4個分)

- A
  - 強力粉…160g
  - インスタントドライイースト…小さじ1¼
  - はちみつ…20g
  - かぼちゃのパウダー…大さじ1
  - 塩…小さじ⅓
  - バター(食塩不使用)…30g
- ぬるま湯…90〜100㎖
- B
  - ココア…小さじ2
  - 水…小さじ1
- C
  - カスタードクリームパウダー…60g
  - 砂糖…20g
  - 牛乳…160㎖
  - はちみつ…5g
  - レモンのしぼり汁…小さじ2

つくりかた

下準備
バターは室温に戻しておく。
【かぼちゃ生地】ボウルにAを入れ、ぬるま湯を加え、混ぜる。まとまったら、台の上でこねる。
【ココア生地】生地を2等分にし、片方の生地に合わせたBを加え、均一になるまで混ぜ込む。それぞれを丸めてボウルに入れ、ラップをかけ、発酵させる(40℃ 約30分)。

1. 発酵させた生地のガス抜きをし、それぞれ4等分にして丸め、ぬれ布巾をかけて休ませる(約10分)。

2. 閉じめを上にしてガス抜きをし、手前から巻き、巻き終わりを閉じる。手で転がし、48cm位の棒状にのばす(同様に合計8本つくる)。かぼちゃ生地とココア生地を2つ編みにし、クッキングシートを巻いたコロネ型に巻きつける(合計4個)。

3. 2をクッキングシートを敷いた天板にのせ、ラップ、ぬれ布巾をかけ、発酵させる(40℃ 約20分)。

4. 予熱したオーブンで焼く(180℃ 約16分)。

5. 焼き上がったら、コロネ型からはずす。粗熱を取り、混ぜ合わせたCをしぼり入れる。

レモンの香りが口いっぱいに広がる
かぼちゃとココアのコロネに
プーさんも大喜び!

100エーカーの森で採れたフルーツを
パンケーキにた〜っぷりかけて♪
もちろんはちみつも忘れずに！

RECIPE 15
くまのプーさんの はちみつフルーツパンケーキ

材料（2人分）

- 溶き卵…½個分
- はちみつ…小さじ2
- A 全粒粉…40g
  - ベーキングパウダー…小さじ½
- 牛乳…40ml
- オリーブオイル…小さじ½（▲）
- オリーブオイル（焼き用）…小さじ½（★）
- B バナナ（輪切り）…¼本分
  - ブルーベリー…20g
  - キウイフルーツ（1cm角）…½個分
  - ラズベリー…20g
  - はちみつ…小さじ2

つくりかた

1. ボウルにBを入れて混ぜる。
2. 別のボウルに卵とはちみつを入れ、混ぜる。
3. 2のボウルにAを合わせてふるい入れ、牛乳、オリーブオイル（▲）の順に加え、さらに混ぜる。
4. フライパンにオリーブオイル（★）を熱し、3の生地を流し入れて焼く（1人3枚 弱〜中火 3分〜）。
5. プクプクと気泡が出てきたら裏返し、焼く（弱〜中火 2分〜）。取り出し、粗熱を取る。
6. 器に5を盛り付け、1をかける。

リロ＆スティッチの ハワイアンレシピ

どこかノスタルジックな美しい楽園、ハワイのカウアイ島。

キュートなモンスター"スティッチ"と"リロ"は

今日もコバルトブルーの海で波に乗っておおはしゃぎ。

水が苦手なはずなのに、スティッチは波乗りが大好き！

たくさん遊んで疲れたら、ココナッツドリンクを片手に

波の音をBGMにしてひと休み。

そんな陽気でいて、時がゆったり流れるような南国気分を

リロ＆スティッチの料理で味わって。

肉厚でジューシーなハンバーグに
コクのあるグレービーソースがキメ手

リロ&スティッチのハワイアンレシピ
Lilo & Stitch

RECIPE 16

ハワイアン★ロコモコ

材料(2人分)

合い挽き肉…140g
塩・黒こしょう…各少々
溶き卵…1個分
A パン粉…10g
　牛乳…10mℓ
玉ねぎ(みじん切り)…80g
サラダ油…小さじ1
B 水…200mℓ
　コンソメ(顆粒)…小さじ1½
　しょうゆ…小さじ1
　塩・黒こしょう…各少々

バター…10g
薄力粉…小さじ2
目玉焼き…2個
サニーレタス…20g
ごはん…240g

つくりかた

下準備
バターは使用する10分前に室温に戻し、薄力粉を加えて練っておく(★)。

1. ボウルに合い挽き肉、塩、黒こしょうを入れ、粘りが出るまでよく混ぜる。
2. 1に卵、A、玉ねぎを加え、よく混ぜて2等分にする。
3. 空気抜きをし、小判形に成形する。フライパンにサラダ油を熱し、両面を焼く(中火 片面約2〜3分)。余分な脂が多い場合は、キッチンペーパーで拭く。
4. 3にBを加え、ひと煮立ちさせ、ハンバーグに火を通す。
5. ハンバーグを取り出し、ソースの中に(★)を溶かし、とろみをつける(グレービーソース)。
6. 器にごはんを盛り、ひと口大にちぎったサニーレタスを敷き、ハンバーグ、目玉焼きをのせ、5をかける。

STORY

両親を亡くし、姉と2人で暮らすリロは変わり者で友達ができず、いつもひとりぼっち。そんなリロのもとにやってきたのが、スティッチ。でも、スティッチは科学者の遺伝子実験によって生まれた「破壊」をプログラミングされた凶悪なエイリアンだったのです。物は壊すし、騒ぎを起こしてばかり。それでも、リロはスティッチをかわいがり、スティッチもいつしかリロに教わった「オハナ(家族)」の温かさを知って、心に愛が芽生え始めるのでした。ハワイの美しいカウアイ島を舞台にした家族の愛の物語。引きこまれるようなキレイな海の青さで、トロピカルムード満点なお話です。

ハワイで人気のローカルフードを
しょうゆバター×ガーリックで
ヘルシーなサラダ仕立てに！

RECIPE 17
ガーリックシュリンプサラダ

材料(2人分)

- 海老（殻付き）…12尾
- にんにく（みじん切り）…20g
- サラダ油…大さじ2
- A 塩・黒こしょう…各少々
  - しょうゆ…小さじ½
  - バター…4g
- サニーレタス…20g
- ベビーリーフ…20g
- 黄パプリカ（薄切り）…20g
- レモン（くし形切り）…¼個分
- 塩・黒こしょう…各少々

つくりかた

下準備
海老は背中に切り込みを入れ、背ワタを除き、塩水(分量外)、真水の順に洗い、水気を切っておく。

1. フライパンに、サラダ油、にんにくを入れて温め香りを出す(弱〜中火5分前後)。

2. にんにくがうっすらきつね色になってきたら、端に寄せ、海老を加え、両面を香ばしく焼く。海老に火が通ったら、Aを加えてからめる。

3. 器にひと口大にちぎったサニーレタスとベビーリーフ、黄パプリカを彩りよく盛り付け、海老を盛り付ける。

4. フライパンに残ったにんにくを3の上にちらす。レモンを添え、お好みで塩、黒こしょうをかける。

リロ&スティッチのハワイアンレシピ
Lilo & Stitch

南国の果実をふんだんに使った
シュワッとはじける
フルーツポンチ♪

RECIPE 18
トロピカルフルーツポンチ

材料(4人分)

- パイナップル…2/3個
- バナナ(輪切り)…1本分
- マンゴー(2～3cm角)…1個分
- ナタデココ…30g
- 炭酸水…150～200mℓ

つくりかた

1. パイナップルは茎と葉をつけたまま、横幅2/3位のところで縦に切り、中身を包丁とスプーンを使ってくり抜く。
2. 1の中身を2～3cm角に切る。
3. 1に2、バナナ、マンゴー、ナタデココを入れて、炭酸水を注ぐ。

RECIPE 19
リロ&スティッチのノンアルコールチチ

海で思いっきりはしゃいだら
トロピカルドリンクで
パワーチャージ！

材料(2人分)

- A パイナップルジュース
  (果汁100%)…160mℓ
  ココナッツミルク…80mℓ
  プレーンヨーグルト…40g
  砂糖…大さじ2
- 氷…適量
- パイナップル(飾り用)…適量

つくりかた

1. ボウルにAを入れ、よく混ぜる。
2. 氷を入れたグラスに注ぎ、パイナップルを飾る。

31

ダークチェリーチョコレートケーキ

Happy Birthday

チョコ＆ダークチェリーに
クリームをたっぷり添えて
お誕生日をお祝いしましょう！

STORY

リロの姉が働くレストランで食事をする2人。デザートにチョコレートケーキをもらうと、一気に2人分頬張るスティッチに、リロは激怒。スティッチは慌ててケーキを口から出し、お皿にキレイに並べるのでした。

材料（15cm丸型1台分）

- 卵…2個
- 砂糖…70g
- A 薄力粉…60g
- ｜ ココアパウダー…10g
- B 溶かしバター（食塩不使用）…10g
- ｜ 牛乳…20ml
- ブルーベリージャム…40g
- C 生クリーム…160〜200g
- ｜ 砂糖…10〜15g
- チョコレートシロップ…大さじ1
- ダークチェリー（缶）…6粒

つくりかた

1. ボウルに卵を割り入れてほぐし、砂糖を加えて泡立てる。
2. Aを合わせてふるい入れ、ゴムベラで切り混ぜる。
3. 混ぜ合わせたBを加え、さらに切り混ぜる。
4. クッキングシートを敷いた型に3を流し入れ、空気抜きをし、予熱したオーブンで焼く（180℃ 約17〜19分）。粗熱が取れたら、横半分に切る（スポンジ）。
5. 皿にスポンジを1枚置き、ブルーベリージャムを塗り、Cを合わせて7分立てにしたものを半分のせる。もう1枚のスポンジをのせ、残りをかける。
6. チョコレートシロップで線を描き、ダークチェリーを飾る。

料理大好き！
ミッキーとその仲間たち！

COLUMN 1

本篇では紹介しきれなかったミニーはもちろん、ミッキーやドナルド、グーフィーの料理の腕前を紹介します。

シェフ姿の
かっこよさ
手際のよさでも
ピカイチ！

ミッキー

ミッキーとドライブやピクニックに行くときは、サンドイッチやパイを用意。お料理上手で知られるミニーはいろいろなストーリーで自慢の腕を披露。「ミッキーのつむじ風」では、ふっくらスポンジケーキをオーブンで焼き上げ、たっぷりクリームとチェリーをトッピング。そんなミニーも1度だけ大失敗したことが。絵本の「ミニーのパンが焼けるまで」では、ふくらし粉を入れ過ぎて、パンが家から飛び出すほど膨らんでしまうことに！

「蒸気船ウィリー」では慣れた手つきで、じゃが芋の皮むきをしていますが、「ミッキーの移動住宅」では、白いシェフ帽にカフェエプロン姿のかっこいいミッキーが登場します。キャンピングカーのキッチンで踊るようにリズムに乗って、トウモロコシを茹で、じゃが芋料理をつくるミッキー。テーブルには甘いスイカも並べられ、仲間のドナルドやグーフィーと楽しい朝食タイムを！あれ？　グーフィーは車を運転していたはずですが！

ホームメイド
スイーツなら
ミニーに
おまかせ！

ミニー

料理番組を
聞くほど
グルメなダック！

ドナルド

「ミッキーの誕生日」では、ミッキーやミニー、ドナルドたちが楽しく歌ったり、踊ったりしているパーティの真っ最中、グーフィーはただひとりバースデーケーキづくりに励みます。何をやってもドジばかりしているグーフィーは、オーブンでケーキを焼こうとすると失敗。楽天的な彼はめげずに粉を混ぜるところからつくり直しますが、2度、3度と失敗を繰り返し、最後はケーキがドッカンと大破裂！　キッチンはめちゃくちゃに……。

騒がしくて短気なドナルドですが、実はレシピをノートにスクラップしたり、ラジオの料理番組を聞くほど料理が大好き。「ドナルドのお料理」ではラジオの『ダックおばさんのクッキング』を聞きながら、"バターたっぷりこんがりワッフル"をつくろうとするドナルド。卵を割ったり、粉をふるったり、混ぜたり……。なんとも楽しそうにクッキングをするドナルドの姿が見られます。でも、そう簡単にはいかないみたい……。

天然キャラの
グーフィーは
何度失敗しても
へっちゃら

グーフィー

33

アナと雪の女王の
フローズンレシピ

粉雪が舞う純白の世界で繰り広げられる、

2人の姉妹の、真実の愛の物語。

ありのままの自分を選び、独りで生きていく決意をした姉と、

姉を想い、彼女を追って旅に出る妹

2人の行く末には、どんな物語が待っているのでしょう。

ストーリーを印象づける真っ白な雪と

クリスタルのように輝く氷に覆われた、

清らかで美しい世界を料理で表現してみました。

物語のように心がポッと温かくなるものばかりです。

氷の城をイメージした
キラキラ輝くライスケーキで
お祝いしましょう！

STORY

触れたものを凍らせてしまう魔法の力を持つエルサと妹のアナ。エルサが女王となる戴冠式の日、閉ざされていた城の門がやっと開かれます。パーティのために用意されたケーキやチョコレート、たくさんのスイーツを見て、アナの心は浮き立つばかり。このまま楽しい生活が待っていると疑わないアナでしたが……。アナの結婚宣言がもとで言い争い、エルサは魔力のコントロールを失い王国を雪と氷の世界に変えてしまいました。氷の宮殿に閉じこもるエルサと凍った王国を救うため、アナは旅立ちます。

RECIPE 21
お城のライスケーキ

材料（4人分）

A ごはん…370g
　すし酢…30ml
　白ごま…小さじ1
　生ハム（長さ半分）…3枚分
B 湯…50ml
　コンソメ（顆粒）…小さじ½

C 粉ゼラチン…2g
　冷水…8ml

スライスチーズ…1枚
ベビーリーフ…10g
粉チーズ…小さじ1

つくりかた

下準備
粉ゼラチンは冷水にふり入れて戻し(10分〜)、使う直前に電子レンジで加熱し、溶かしておく(500W 20秒〜)。

1. ボウルにAを入れ、混ぜ合わせる。直径11cmの丸抜き型を水でぬらし、A(100g)、生ハム(2枚分)、A(100g)の順に入れ、しっかり押さえ、器にのせる。

2. 直径7.5cmの丸抜き型を水でぬらし、A(70g)、生ハム(1枚分)、A(70g)の順に入れ、しっかり押さえ、1に重ねる。

3. 直径5cmの丸抜き型を水でぬらし、残りのAを入れ、しっかり押さえ、2に重ねる。

4. BにCを加え、混ぜる。粗熱を取りバットに流し入れ、冷蔵庫で冷やし固める(30分〜)。固まったら、フォークで崩す。

5. スライスチーズは直径2.5cmの丸抜き型で星形に抜き、ストローを使って雪の結晶をつくる〈POINT❶・❷〉。

6. 3をベビーリーフ、4、5、粉チーズで飾る。

〈 POINT ❶ 〉
丸抜き型でスライスチーズを、星形になるように抜いていきます。

〈 POINT ❷ 〉
ストローを使って、雪の形になるように抜いていきます。

RECIPE 22
アナと雪の女王の
クリスタルケーキ

Happy Birthday

キラキラ輝くエルサの魔法で
誕生日にぴったりな
ヨーグルト&ライチの
爽やかなケーキができました

RECIPE 23

ブルーベリーのフローズンドリンク

アナと雪の女王のフローズンレシピ
FROZEN -Anna & Elsa-

材料（直径15cm1台分）

【ヨーグルトムース】
- A サワークリーム…40g
-   砂糖…45g
- B プレーンヨーグルト…100g
-   レモンのしぼり汁…15ml
- C 粉ゼラチン…5g、冷水…20ml
- 生クリーム (7分立て)…80g
- ココアスポンジ生地(直径18cm厚さ7mm)…2枚
- ブルーベリー(冷凍)…25g

【塗りシロップ】
- D ライチシロップ…15ml
-   キルシュ…5ml

【ライチゼリー】
- E 水…200ml、砂糖…40g
- F ライチシロップ…15ml
-   レモンのしぼり汁…15ml
-   ブルーキュラソーシロップ…5ml
- G 粉ゼラチン…8g
-   冷水…32ml

【クリスタルシュガー】
- H グラニュー糖…50g、水…10ml

【飾り】
- I ブルーベリー…5個、ナタデココ…5個

材料（2人分）

- プレーンヨーグルト…200g
- 牛乳…100ml
- A ブルーベリージャム…40g
-   ブルーベリー(冷凍)…15g

つくりかた

1. プレーンヨーグルトを容器に薄く広げ、冷凍庫で凍らせる(約60分)。
2. Aを混ぜ合わせ、グラスに2等分に分け入れる。
3. ミキサーに1、牛乳を入れ30秒ほど撹拌する。
4. 2に3を分け入れる。

つくりかた

下準備
- CとGの粉ゼラチンはそれぞれ冷水にふり入れて戻し(10分〜)、使う直前に電子レンジで加熱し、溶かしておく(500W 20秒〜)。
- ココアスポンジはセルクルより5mm位小さくくり抜き、1枚はセルクル板にのせDの⅓量を塗り、ムースフィルムを3枚つなぎ合わせ、セルクルの内側にはめておく。

1. ボウルにAを入れて混ぜ、Bを加える。Cを加え、さらに混ぜる。
2. 生クリームを1に2回に分けて加え、切り混ぜる。
3. セルクルに2の半量を流し入れる。ブルーベリー(冷凍)ともう1枚のスポンジを重ね、残りのDを塗り、2の残りを流し入れて冷やす(冷凍庫20分〜)。
4. 鍋にEを入れ、温める。火を止め、F、Gを加えて混ぜ、こしてボウルに移し、粗熱を取る(★)。大さじ3をバットに取って冷やし固め、フォークで崩す(▲)。
5. 3に★を静かに流し入れ、再度冷やす(冷凍庫20分〜)。
6. 鍋にHを入れ加熱する(中〜強火)。118℃位になったらクッキングシートを敷いたバットに入れ、冷やし固める。好みの大きさに割り、セルクルをはずした5に、▲、Iとともに飾る。

ヨーグルトとブルーベリーは相性◎
エルサをさがしに行く可憐なアナを
白×紫の美しいコントラストで表現♥

雪山でオラフと出会って
おいしいにんじんソースの
ホットサラダができました！

RECIPE 24

白い野菜のホットサラダ
～オニオンキャロットドレッシング～

材料(2人分)

- かぶ(8等分くし形切り)…1個分
- れんこん(厚さ7～8mmいちょう切り)…70g
- カリフラワー(乱切り)…120g
- ベーコン(幅1cm)…1枚分
- A 酢…大さじ1
  - 塩…少々
  - 砂糖…小さじ1
  - 粒マスタード…8g
- 玉ねぎ(すりおろし)…30g
- にんじん(すりおろし)…50g
- B 砂糖…小さじ2
  - しょうゆ…小さじ½
  - 塩・白こしょう…各少々
- サラダ油…大さじ1½
- カッテージチーズ…15g
- ディル…適量

つくりかた

1. かぶ、れんこん、カリフラワーは、酢少々(分量外)を加えた熱湯で茹でる。
2. フライパンにベーコンを入れ、炒める。
3. Aを混ぜ合わせ、1、2を和え、器に盛る。カッテージチーズ、ディルをのせる。
4. 玉ねぎは耐熱容器に入れ、ふんわりとラップをかけ、電子レンジで加熱し(500W 約1分)粗熱を取る。
5. ボウルにBを混ぜ合わせ、少しずつサラダ油を加えて混ぜ、4、にんじんを加える。
6. 5を別の器に盛り付け、3に添える。

フルーツジャムを真っ白なチーズで包んで
おちゃめな雪だるまのオラフ風に！

RECIPE 25
カッテージチーズの フルーツスノーボール

材料(2人分)

- カッテージチーズ…60g
- りんごジャム…20g
- 卵黄…½個分
- 砂糖…7g
- 牛乳…40㎖

つくりかた

1. カッテージチーズを4等分にし、ラップにのせる。直径6cm位に広げ、りんごジャムを¼ずつのせて包み、ラップをはずして器に盛る。

2. ボウルに卵黄、砂糖を入れ、泡立て器ですり混ぜる。温めた牛乳を加え、溶きのばし、鍋に移し入れる。

3. 弱火でとろみがつくまで混ぜながら加熱する。ボウルに入れ、粗熱が取れたら1の器に注ぎ入れる。

シンデレラの舞踏会レシピ

信じていれば、夢は必ず叶う——

希望を失わない人のところにのみ訪れる

魔法使い、フェアリー・ゴッドマザー。

Bibbidi-Bobbidi-Boo!

シンデレラのために呪文を唱えると、

かぼちゃが馬車に、ネズミが白馬に、

破れた服は美しいドレスに早変わり。

そして、足元には輝くガラスの靴。

華麗に変身したシンデレラは舞踏会で王子様と出会う。

女の子なら誰もが憧れる「シンデレラ」の世界を

そのまま素敵なお料理に！

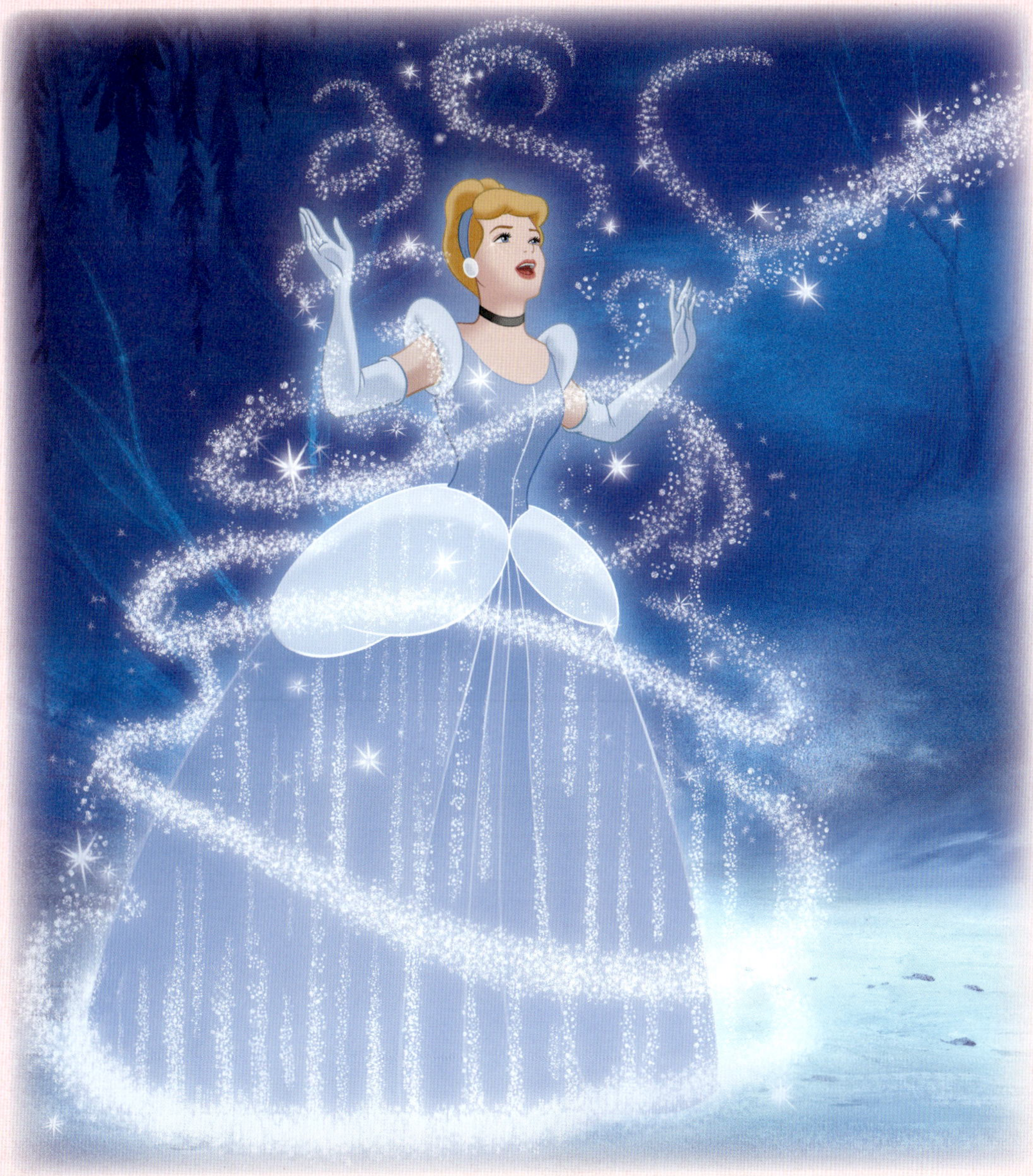

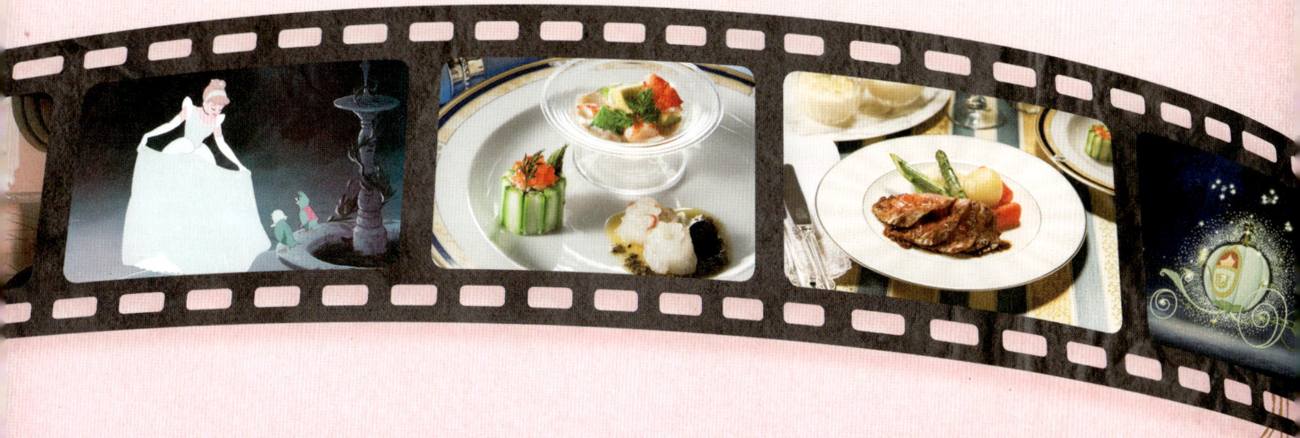

RECIPE 26
牛肉のロティ〜プリンセス仕立て〜

材料 (2人分)

- 牛もも塊肉…160g
- 塩…小さじ⅛ (▲)
- 黒こしょう…少々
- サラダ油…小さじ½
- A みりん…小さじ2
  - 砂糖…小さじ2
  - しょうゆ…小さじ2
  - 玉ねぎ (すりおろし)…20g
- じゃが芋 (ひと口大)…150g
- 塩…少々 (★)
- 生クリーム…20g
- 牛乳…30〜40ml
- B 水…140ml
  - コンソメ (顆粒)…小さじ¼
- にんじん (縦4等分)…40g
- 小玉ねぎ…2個
- グリーンアスパラガス (斜め半分)…2本分
- バター…4g

つくりかた

1. フライパンにサラダ油を熱し、塩 (▲)、黒こしょうで下味をつけた牛肉の全面に香ばしい焼き色をつける (全体を5分位焼く)。アルミホイルで包み、予熱したオーブンで焼く (220℃ 10分〜)。

2. 1をオーブンから取り出し、肉汁を落ち着かせる (10分〜 肉汁はソースに使用)。フライパンにAと肉汁を入れてからひと煮立ちさせ、ソースをつくる。

3. 鍋にじゃが芋を入れ、茹でる。湯を切り、塩 (★) を加え、粉をふかせる。

4. 3を熱いうちに裏ごしして鍋に戻し、生クリーム、牛乳を少しずつ加え、その都度切り混ぜる。混ぜながらひと煮立ちさせる。

5. 別の鍋にB、にんじん、小玉ねぎを入れ、加熱する。柔らかくなったらグリーンアスパラガスとバターを加えて煮る。

6. 肉をお好みの大きさに切り分ける。器に肉、4、5を彩りよく盛り付け、2のソースをかける。

お城で夢の舞踏会!
気品漂うメインディッシュを
シンデレラ気分で召し上がれ

シンデレラもうっとり
クリーミーな
ほたてのムース

シンデレラの舞踏会レシピ
Cinderella

RECIPE 27
魔法使いのヴェリーヌ

STORY

継母と2人の姉に虐げられ暮らすシンデレラ。ある日、フェアリー・ゴッドマザーの魔法によって美しく変身し、かぼちゃの馬車に乗ってお城の舞踏会へ。そこで王子と夢のような時間を過ごしますが、魔法が解ける12時の鐘が鳴り、名前さえ告げぬままガラスの靴を片方残してお城を去ることに…。

材料(2人分)

- A ほたて貝柱(刺身用)…3個(60g)
  - 生クリーム…40g
  - 玉ねぎ(ざく切り)…20g
  - 塩・黒こしょう…各少々
- ズッキーニ(1cm角)…40g
- サラダ油…小さじ½
- B 湯…60㎖
  - コンソメ(顆粒)…小さじ¼
- C 粉ゼラチン…2g
  - 冷水…10㎖
- かぼちゃ(薄切り)…40g
- サラダ油…小さじ½
- グラニュー糖…小さじ½
- ディル…適量

つくりかた

下準備
粉ゼラチンは冷水にふり入れて戻し(10分〜)、使う直前に電子レンジで加熱し、溶かしておく(500W 20秒〜)。

1. BにCを加え、混ぜる。粗熱が取れたらバットに入れ、冷蔵庫で冷やし固める(30分〜)。固まったら、フォークで崩す。
2. ミキサーにAを入れ、なめらかになるまで撹拌する。
3. 器に2を¼量ずつ入れ、サラダ油で炒めたズッキーニを分け入れる。
4. 残りの2を分け入れ、軽く空気抜きをする。
5. フライパンにサラダ油を熱し、かぼちゃを加え、火が通ったらグラニュー糖をまぶし、両面に焼き色をつける。
6. 1をのせ、5とディルを飾る。

RECIPE 28
舞踏会のアミューズ

材料(2人分)

【サーモンのタルタル セルクル仕立て】
- サーモン(刺身用・5mm角)…30g
- 塩・黒こしょう…各少々
- 玉ねぎ(みじん切り)…5g
- ケーパー…2g
- A
  - マヨネーズ…小さじ1
  - レモンのしぼり汁…小さじ1/4
  - 塩・黒こしょう…各少々
- グリーンアスパラガス…1本
- イクラ…5g
- ディル…適量

【鯛のタプナードソース】
- 鯛(刺身用・そぎ切り)…30g
- ブラックオリーブ…2粒
- B
  - ケーパー(みじん切り)…2g
  - アンチョビペースト…2g
  - 塩…少々
- エキストラバージンオリーブオイル…小さじ2

【海老とアボカドのカクテルサラダ】
- 海老(殻付き)…2尾
- 白ワイン…小さじ1
- アボカド(2cm角)…1/4個分
- レモンのしぼり汁…小さじ1/4
- C
  - マヨネーズ…小さじ1
  - プレーンヨーグルト…小さじ1
  - トマトケチャップ…小さじ1
  - レモンのしぼり汁…小さじ1/4
  - 玉ねぎ(みじん切り)…5g
  - 塩・黒こしょう…各少々
- セルフィーユ…適量

美しいアミューズの上品で魔法のようなひと口を味わって

つくりかた

【サーモンのタルタル セルクル仕立て】

1. グリーンアスパラガスは塩(分量外)を加えた熱湯で茹で、長さ2cmに切りそろえ、縦半分に切る。
2. ボウルにAを入れ、よく混ぜる。塩、黒こしょうで下味をつけたサーモン、玉ねぎ、ケーパーを加え、和える。
3. 直径4cmのセルクルに、グリーンアスパラガスの切り口を外にして並べる。2を入れ、表面を平らにならす。
4. イクラとディルを飾り、セルクルをはずす。

【鯛のタプナードソース】

1. ブラックオリーブは輪切りを4つつくり、残りは細かいみじん切りにする。輪切りの2つは輪を切り、切っていない輪切りと組み合わせる。
2. ボウルにブラックオリーブ(みじん切り)とBを入れ、よく混ぜ、エキストラバージンオリーブオイルを加え、混ぜる。
3. 器に2を敷き、鯛を盛り付け、1のブラックオリーブを添える。

【海老とアボカドのカクテルサラダ】

1. 海老は背中に切り込みを入れて背ワタを除き、塩水(分量外)、真水の順に洗い、水気を切る。白ワインをふり、ラップをふんわりとかけて、電子レンジで加熱し(500W 1分〜)、室温でしばらく蒸らし、殻と尾を除き、3〜4等分に切る。
2. ボウルにCを入れて混ぜる。
3. 器に2を分け入れ、1、レモンのしぼり汁をかけたアボカドを彩りよく盛り付け、セルフィーユを飾る。

RECIPE 29
ガラスの靴の ストロベリームース

材料(2人分)

- A レモンのしぼり汁…小さじ1
  水…80㎖
  砂糖…小さじ2
- B 粉ゼラチン…6g
  冷水…30㎖
- C いちご(縦4等分)…4個分
  砂糖…大さじ1
- D 粉ゼラチン…2g
  冷水…10㎖
- 生クリーム(7分立て)…40g

つくりかた

下準備
BとDの粉ゼラチンはそれぞれ冷水にふり入れて戻し(10分〜)、使う直前に電子レンジで加熱し、溶かしておく(500W 20秒〜)。

1. ボウルにAを入れ、混ぜて溶かす。Bを加えて混ぜ、容器に入れて冷やし固める(60分〜)。
2. 冷え固まったら、容器から取り出し、ガラスの靴の形に切る〈POINT〉。残りのレモンゼリーは大きく崩し、器に分け入れる。
3. Cを合わせ、つぶしてピューレ状にする。
4. 3にDを加えて混ぜ、とろみをつける。生クリームを加え、切り混ぜる。
5. 2の器に分け入れ、冷やし固め(30分〜)、ガラスの靴を飾る。

〈 POINT 〉

レモンゼリーを切って、ガラスの靴をつくります。

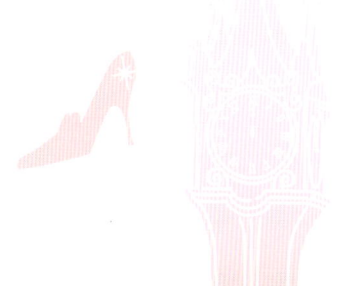

Happy Birthday

12時までの夢のような時間を
キラキラ輝くスイーツで楽しんで

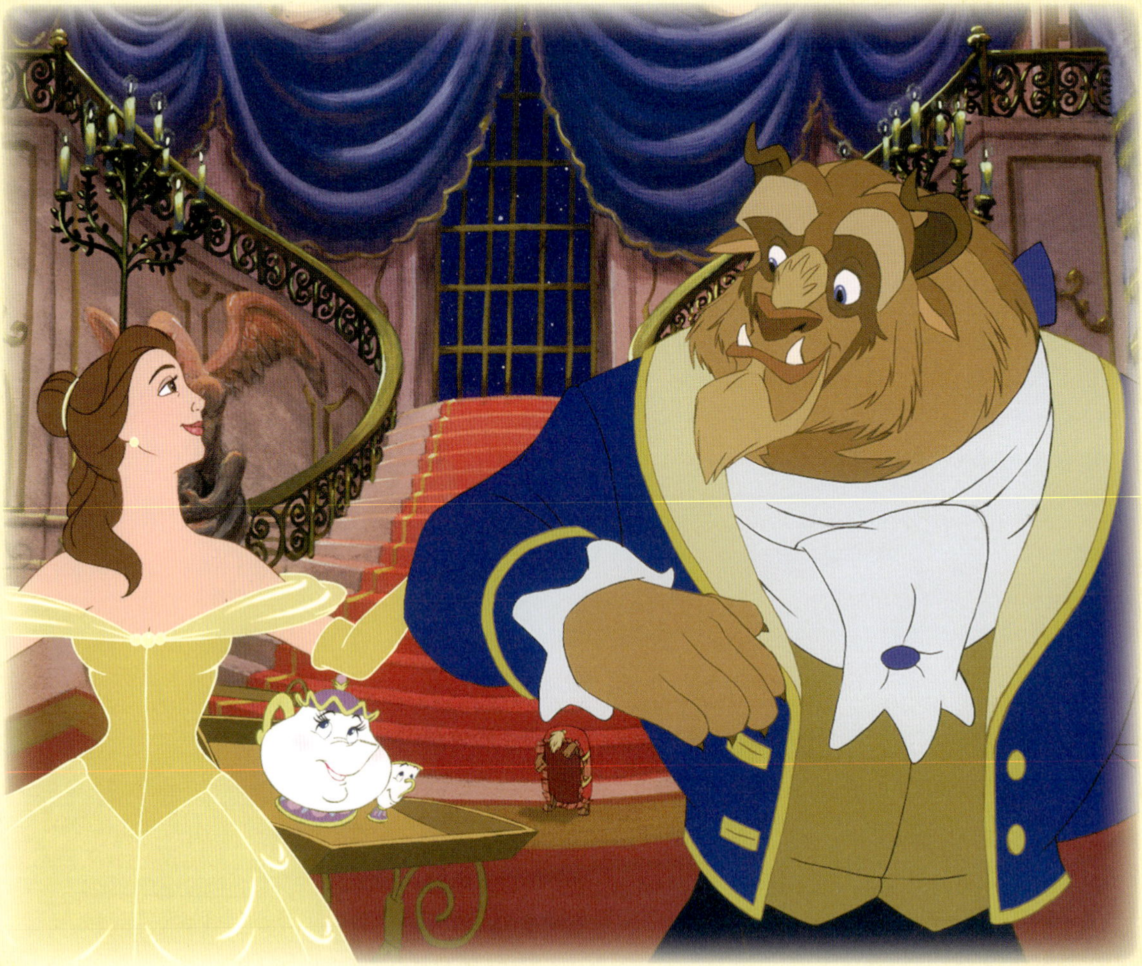

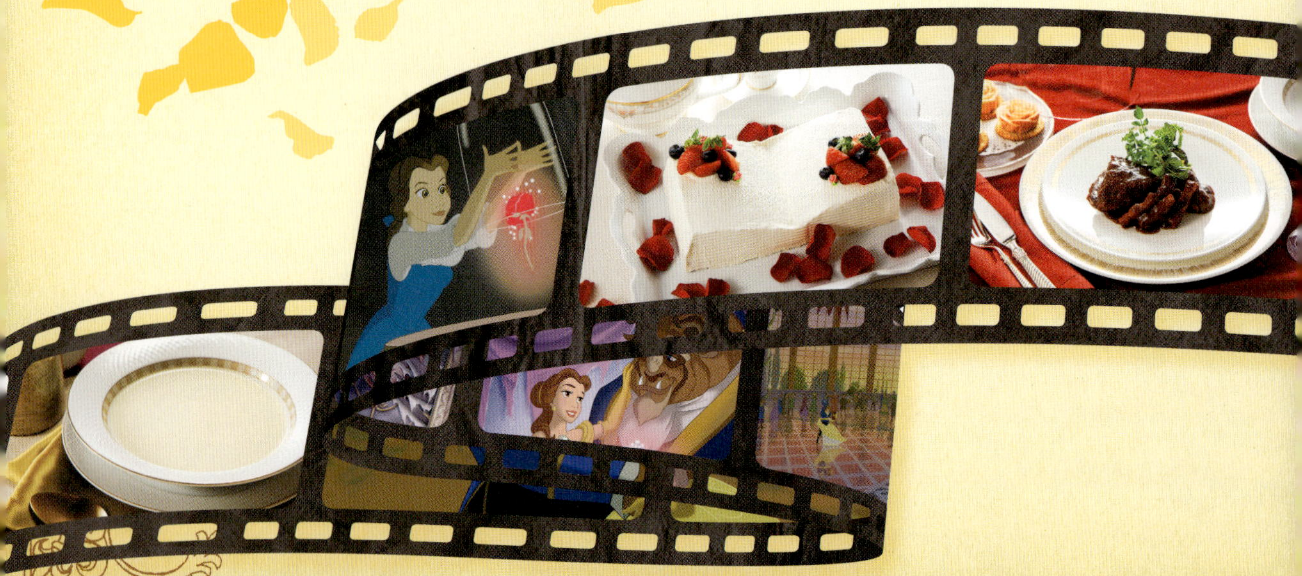

美女と野獣の晩餐会レシピ

さあ、晩餐会の始まりです！

大広間では軽快な音楽が流れ、

ポットやカップ、カトラリーによる

華麗なショーが繰り広げられます。

前菜にスープ、一皿、また一皿と料理が運ばれてきます。

魔法でストーブや鍋に姿を変えられたコックたちが

心を込めてつくる、とびっきりのおもてなし料理。

ファンタジックな楽しい時間はまだまだこれから。

魔法のバラの最後の花びらが散るまでに、

あなたも素敵な料理で大切な人に想いを告げて。

RECIPE 30
マジックローズの**タラモサラダ**

材料（4個分）

- 辛子明太子…15g
- A マッシュポテトの素…10g
- 熱湯…30ml
- 生クリーム…10g
- クラッカー…4枚
- セルフィーユ…8枚

つくりかた

1. Aを合わせ、薄皮を除いた辛子明太子を加え、均一に混ぜる。
2. 生クリームを加え、混ぜる。
3. バラ口金をつけたしぼり袋に2を入れ、クラッカーの上にバラの形にしぼり<POINT>、セルフィーユを添える。

STORY

魔女の呪いによって、恐ろしい野獣に姿を変えられた王子。城で孤独な生活を送っていましたが、ベルと出会い、心を開いていくうちに、ベルを大切に思うように。ダンスを踊ったり、おいしい料理を食べたり、2人は晩餐会で素敵なひとときを過ごします。不器用な野獣が一生懸命彼女をエスコート。

<POINT>

まわりに重ねてはりつけるようにしぼり出して、バラの形にしていきます。

王子の運命を左右した
魔法のバラが
キュートでエレガントな一皿に

晩餐会のメインにぴったり
ゴージャスなおもてなしメニュー

美女と野獣の晩餐会レシピ
Beauty and the Beast

RECIPE 31
鶏肉の赤ワイン煮込み

材料(2人分)

- 鶏もも骨付き肉(ぶつ切り)…150g
- オリーブオイル…小さじ1(★)
- A 玉ねぎ(みじん切り)…100g
  - にんじん(みじん切り)…50g
  - セロリ(みじん切り)…50g
- 薄力粉…大さじ1
- 塩…小さじ1/8
- 黒こしょう…少々
- オリーブオイル…小さじ1/2(▲)
- ベーコンブロック
  (7～8mm位の棒状)…30g
- マッシュルーム…4個
- 赤ワイン…100mℓ
- にんにく(みじん切り)…8g
- B 赤ワイン…100mℓ
  - 水…200mℓ
  - コンソメ(顆粒)…小さじ1/2
  - 砂糖…小さじ1/4
  - ローリエ…1枚
- 塩・黒こしょう…各少々
- クレソン…2本

つくりかた

1. 鍋にオリーブオイル(★)とにんにくを入れ、香りが出てきたらAを加え、焦がさないように炒める。半量位になるまで炒め、薄力粉を加え、さらに軽く炒める。

2. Bを入れて煮る(弱火 10分～)。ザルでこす。

3. フライパンにオリーブオイル(▲)を熱し、塩、黒こしょうで下味をつけた鶏肉を皮面から焼く。出てきた脂は除き、皮がパリパリに焼けてきたら肉の内面も焼く。

4. 鶏肉を端に寄せ、ベーコン、マッシュルームを炒め、2と赤ワインを加え、フタをして煮込む(弱火10分～)。塩、黒こしょうで味をととのえる。

5. 器に盛り付け、クレソンを添える。

2人で過ごす楽しいディナーには
優しい味のポタージュを…

RECIPE 32
美女と野獣の晩餐会ポタージュ

材料(2人分)

- かぶ(半月切り)…240g
- リーキ(薄切り)…100g
- オリーブオイル…小さじ1
- 塩…少々
- 水…200mℓ
- コンソメ(顆粒)…小さじ1/2
- 牛乳…100mℓ

つくりかた

1. 鍋にオリーブオイルを熱し、かぶ、リーキ、塩を入れ、色をつけないように炒める。
2. しんなりしてきたら水とコンソメを加え、ひと煮立ちさせ、火を止めて粗熱を取る。
3. ミキサーに 2、牛乳を入れ、なめらかになるまで撹拌する。
4. 鍋に戻し入れて温め、器に盛り付ける。

美女と野獣の晩餐会レシピ
Beauty and the Beast

RECIPE 33
ベルの本のケーキ

＜POINT＞

スポンジを重ね、本の形になるように中央を押さえます。

材料(25×36×3cmの型)1台分

- 卵…3個
- 砂糖…100g
- 薄力粉…70g
- A 牛乳…大さじ1
- 　バニラエッセンス…適量
- B 水…30ml
- 　砂糖…15g
- C 生クリーム…250g
- 　砂糖…20g
- いちご(縦半分)…10個分
- バナナ(縦4等分)…1本分
- 粉糖…適量
- ブルーベリー…10g
- 飾り用砂糖菓子…6個

つくりかた

1. ボウルに卵を割り入れてほぐし、砂糖を加えて泡立てる。薄力粉を2回に分けてふるい入れ、ゴムベラで切り混ぜる。粉っぽさが残っている位でAを加え、さらに切り混ぜる。

2. 紙型(25×36×高さ3cm)に1の生地を流し入れ、全体を平らにする。空気抜きをし、予熱したオーブンで焼く(200℃ 15分〜)。

3. 2の粗熱が取れたら25×12cmの3等分に切り(3枚)、電子レンジで加熱(500W 約30秒)したBを塗る。

4. 1枚を横長におき、合わせて7〜8分立てにしたCを塗り、中央を8cm位あけてバナナをのせ、その上にCを塗る。

5. 4の上にスポンジをもう1枚のせてCを塗り、中央を8cm位あけていちご(飾り用に少し残しておく)をのせ、その上にCを塗る。残りの1枚をのせて中央を竹串で押さえる＜POINT＞。

6. 本の形になったらCを塗り(下塗り)、再度Cを均一に塗り(本塗り)側面に筋をつけ、粉糖をかける。残りのいちご、ブルーベリー、砂糖菓子を飾る。

Happy Birthday

素敵な出会いを夢見るベルに
大好きな本の形のケーキをプレゼント！

53

塔の上のラプンツェルの
ファンタジーレシピ

黄金色に輝く魔法の長い髪を持つ少女ラプンツェル。

高い塔の中で、壁に絵を描いたり、編み物をしたり、

大好きなお料理やお菓子をつくったり。

ある日、誕生日になると空に浮かぶ不思議な灯りを見たいと、

勇気を出して外の世界に踏み出せば、

自分の知らない、初めて経験するものばかり……。

そんな元気で愛らしいラプンツェルにピッタリの

素敵な料理をご紹介。

金色の髪と花飾りをイメージしたメインデッシュから

物語にも出てくるチョコチップクッキーレシピまで

夢いっぱいのレシピを心ゆくまで味わって！

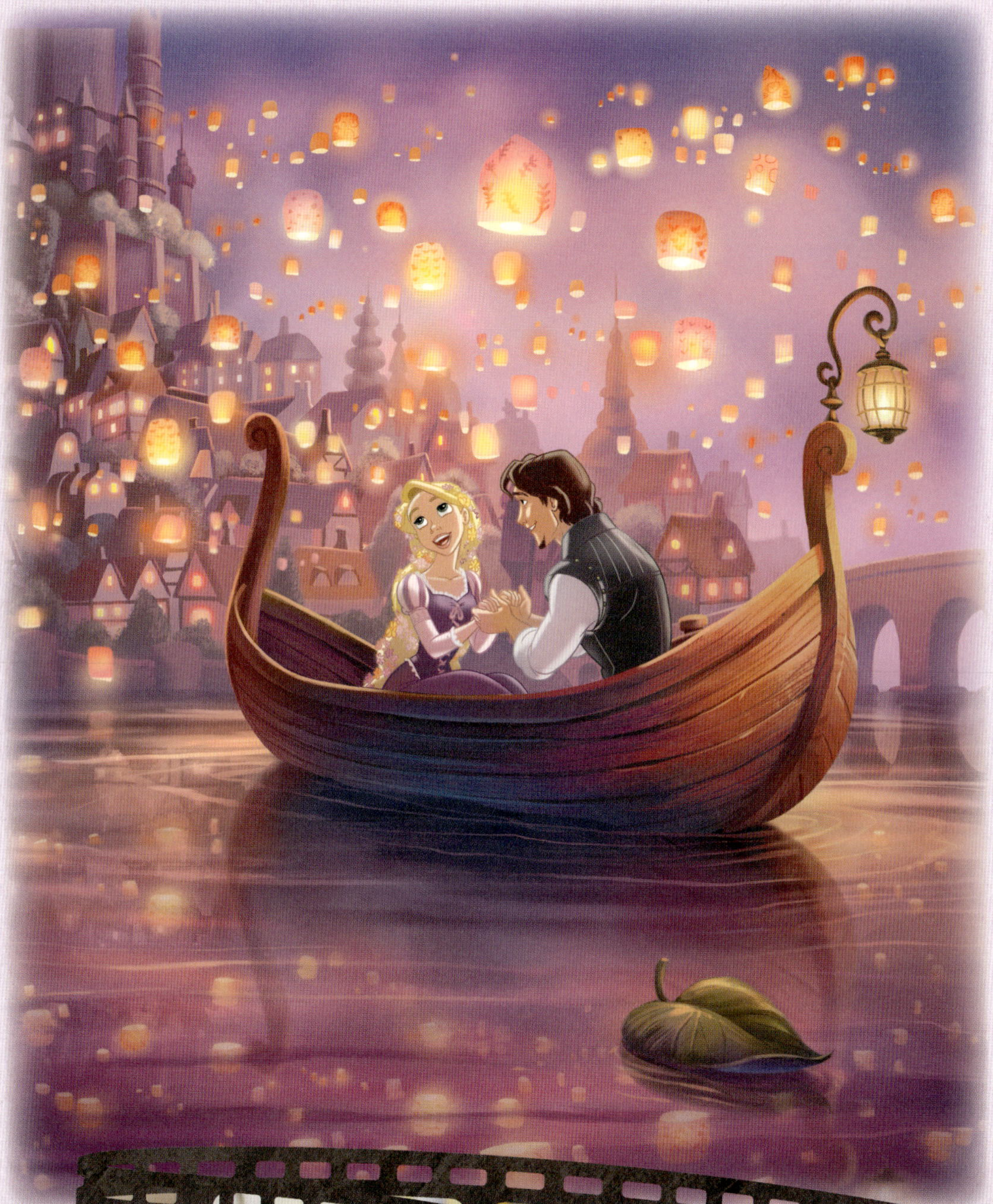

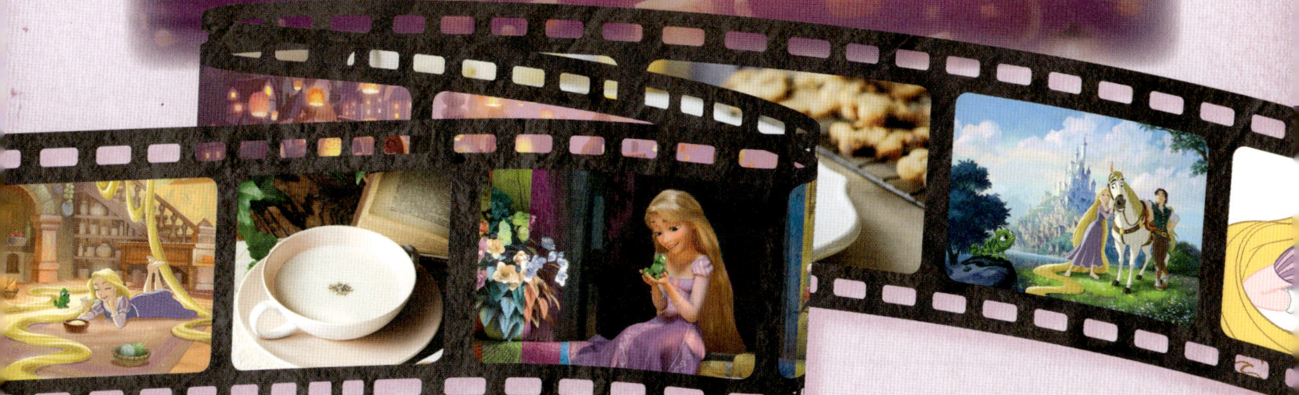

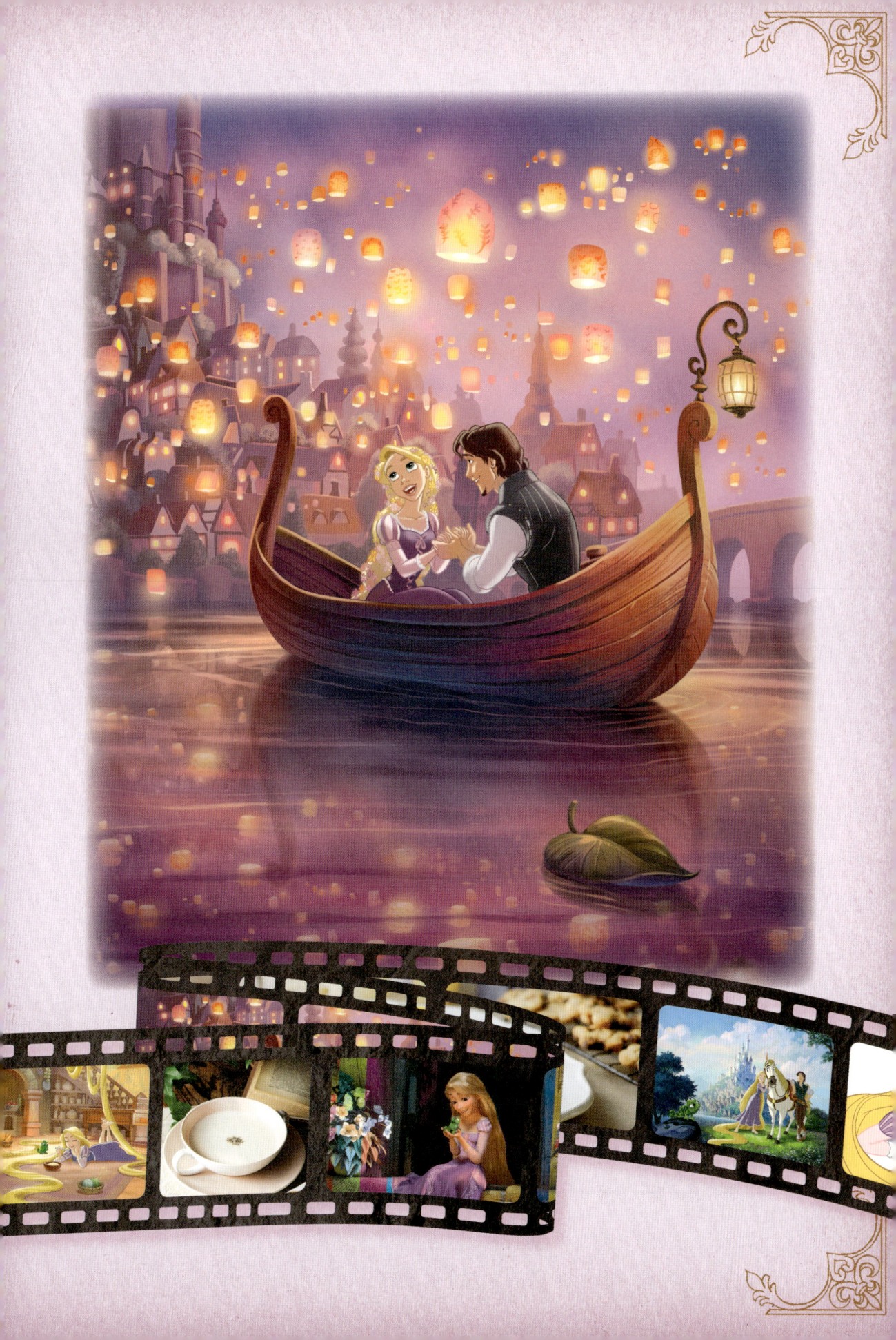

贅沢なウニのまろやかパスタに
黄金に輝く魔法のパワーをつめこんで

RECIPE 34
ラプンツェルの
黄金クリームパスタ

材料〈2人分〉

- スパゲティ…120g
- オリーブオイル…小さじ2
- にんにく（みじん切り）…½片分
- カットトマト（水煮）…30g
- 調製豆乳…80ml
- 生クリーム…大さじ2
- ウニ…30g
- 粉チーズ…大さじ1
- 卵黄…½個分
- 塩…小さじ½
- 黒こしょう…少々
- シブレット…4本
- エディブルフラワー（紫）…適量

つくりかた

下準備
スパゲティはソースの仕上がりに合わせて、塩（分量外）を入れた熱湯で茹でておく（茹で時間はパッケージの表示時間を参照）。

1. フライパンにオリーブオイル、にんにくを入れて熱し（弱火）、香りが出たらカットトマトを加え、炒める。

2. 調製豆乳と生クリームを加えて混ぜ、ウニを加え、つぶしながら混ぜる。

3. 粉チーズを加えて混ぜ、火を止める。

4. 水気を切ったスパゲティに、卵黄を加えてからめ、塩、黒こしょうで味をととのえる。

5. 器に盛り付け、シブレット、エディブルフラワーを飾る。

塔の上のラプンツェルのファンタジーレシピ
Tangled ~Rapunzel~

RECIPE 35
ヘーゼルナッツのスープ

材料(2人分)

- 玉ねぎ(薄切り)…60g
- ヘーゼルナッツ…30g
- オリーブオイル…小さじ1
- 水…200㎖
- コンソメ(顆粒)…小さじ½
- 牛乳…100㎖
- 生クリーム…小さじ2
- 塩・黒こしょう…各少々

- 黒こしょう…適量

つくりかた

1. 鍋にオリーブオイルを熱し、玉ねぎを入れ、しんなりするまで炒める。
2. ヘーゼルナッツを加え、炒める。
3. 水、コンソメを加え、沸騰したらフタをして加熱し(弱火 約10分)、粗熱を取る。
4. ミキサーに3を入れ、なめらかになるまで撹拌する。鍋に戻し入れ、牛乳、生クリームを加えて温め、塩、黒こしょうで味をととのえる。
5. 器に盛り付け、黒こしょうをふる。

STORY

永遠の若さを保つため魔女に連れ去られた魔法の髪を持つ王女ラプンツェル。一歩も外に出ることなく高い塔の中で育った彼女のもとへ、大泥棒のフリンが逃げ込んできました。それを機に、ずっと夢見ていた、誕生日の日に空に浮かぶ灯りを見に出かけることに。

ヘーゼルナッツの優しい香りと味わいで気分もほっこり温まる

RECIPE 36
塔の上の チョコチップクッキー

素朴な味わいのクッキーを
可憐な花の形に♪

材料（約14枚分）

- バター（食塩不使用）…20g
- ブラウンシュガー…20g
- 塩…少々
- 牛乳…大さじ1
- バニラエッセンス…少々
- A 薄力粉…40g
-   全粒粉…15g
-   ベーキングパウダー…小さじ¼
- 板チョコ…30g
- 薄力粉（打ち粉）…適量

つくりかた

1. ボウルに室温に戻したバター、ブラウンシュガー、塩を入れ、混ぜる。
2. 牛乳を加えてよく混ぜ、バニラエッセンスを加え、さらに混ぜる。
3. Aを合わせてふるい入れ、ゴムベラで切り混ぜ、粉気が少し残っている位で粗くくだいた板チョコを加え、切り混ぜる。
4. ラップに包み、冷蔵庫で休ませる（約60分）。
5. 台の上に打ち粉をし、4を厚さ5mmにのばし、好みの型で抜く。
6. クッキングシートを敷いた天板にのせ、予熱したオーブンで焼く（180℃ 約12分）。

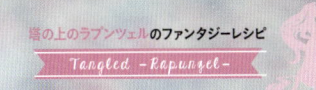

フルーティーなヨーグルトアイスは
紫とオレンジのラプンツェルカラーで

RECIPE 37
ブルーベリーと
マンゴーのアイス

材料 (2人分)

A｜プレーンヨーグルト…100g
 ｜ブルーベリージャム…40g
 ｜砂糖…小さじ1
冷凍マンゴー(1cm角)…20g

つくりかた

1. ボウルにAを入れて混ぜ、ラップをかけて冷凍庫で冷やし固める(約30分)。

2. 取り出して混ぜ、再び冷凍庫で冷やし固める(約30分)。2回繰り返し、冷やし固める(60分〜) <POINT>。

3. 冷凍マンゴーを加えて混ぜ、器に盛り付ける。

< POINT >

凍らせて混ぜるを繰り返すことで、ふんわりと仕上がります。

Still the fairest of them all!

WALT DISNEY'S

Snow White
and the Seven Dwarfs

白雪姫の森の果実レシピ

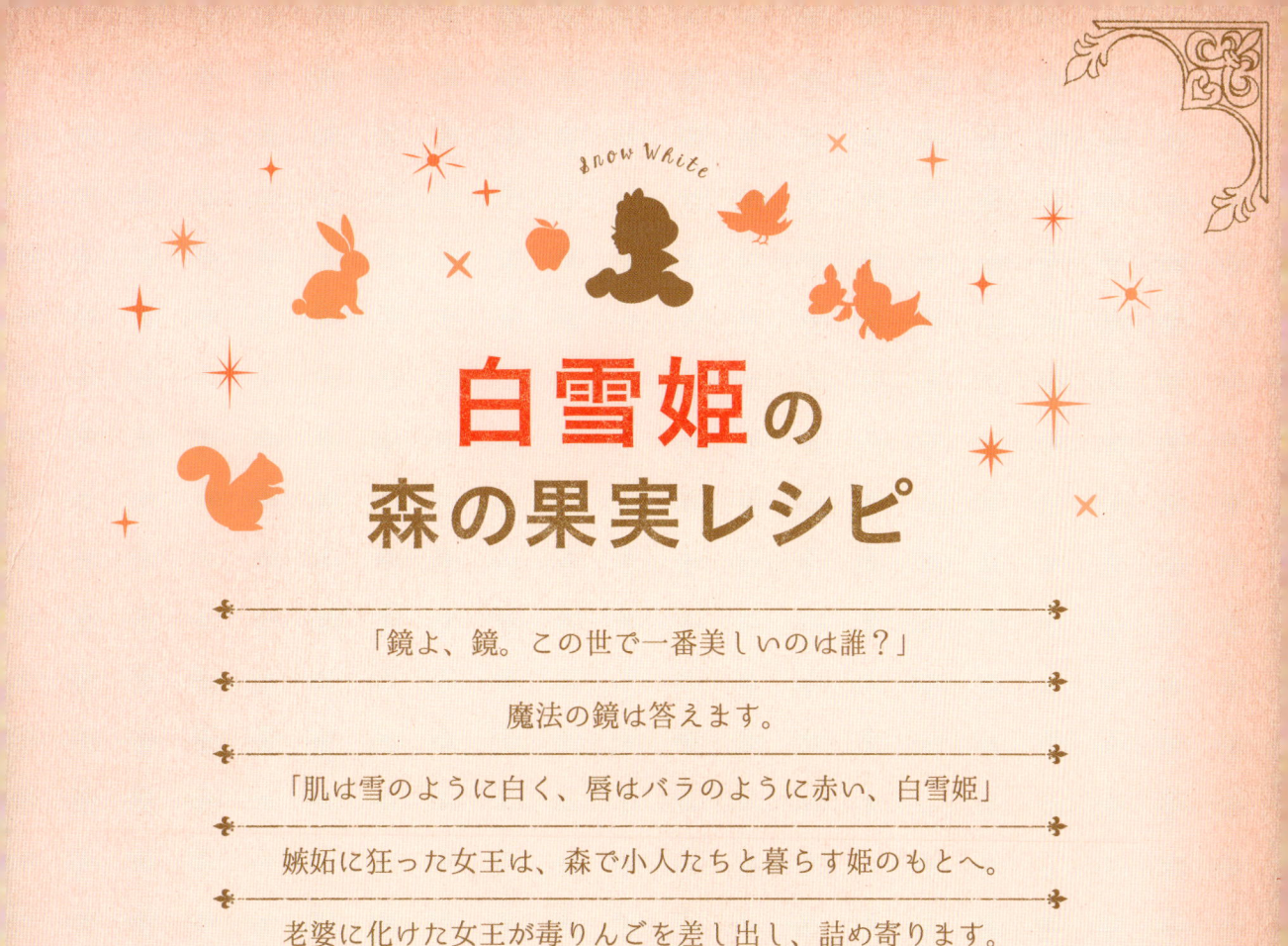

「鏡よ、鏡。この世で一番美しいのは誰？」

魔法の鏡は答えます。

「肌は雪のように白く、唇はバラのように赤い、白雪姫」

嫉妬に狂った女王は、森で小人たちと暮らす姫のもとへ。

老婆に化けた女王が毒りんごを差し出し、詰め寄ります。

「おいしいりんごはいかがかね。

ひと口食べれば願いが叶う、不思議なりんごさ」

白雪姫は甘い誘惑に負けて、ついにりんごを口に！

そのまま、深い眠りにつきました。

隣の国の王子と幸せに暮らすことを夢見たまま……。

そんな恋する白雪姫の物語からは、

小人を思わせる料理や、魅惑のりんごのレシピを紹介します。

小人たちのために
森のきのこをたっぷり入れて
じっくりコトコト煮込みましょう♪

RECIPE 38
白雪姫のきのこクリームシチュー

材料(2人分)

- 鶏もも肉（ひと口大）…80g
- 塩・黒こしょう…各少々（▲）
- 玉ねぎ（薄切り）…60g
- A
  - じゃが芋（2cm角）…80g
  - しめじ（小房）…40g
  - 舞茸（小房）…40g
  - マッシュルーム（薄切り）…2個分
- バター…20g
- 白ワイン…大さじ1
- 薄力粉…20g
- B
  - 牛乳…200ml
  - 水…100ml
  - コンソメ（顆粒）…小さじ1
- 塩・黒こしょう…各少々（★）
- パセリ（みじん切り）…適量

つくりかた

1. 鍋にバターを熱し、玉ねぎを入れ、しんなりするまで炒める。
2. 塩、黒こしょう（▲）で下味をつけた鶏肉を入れ、全体に焼き色がついたらAを加えて炒める。
3. 白ワインを入れ、アルコール分をとばし、薄力粉を加えて炒める。
4. Bを少量ずつ加えながら混ぜ、沸騰したら弱火にし、とろみがつくまで煮る(約15分)。
5. 塩、黒こしょう（★）で味をととのえる。
6. 器に盛り付け、パセリをちらす。

白雪姫の森の果実レシピ
Snow White

RECIPE 39
森のくるみとベリーのサラダ

森での楽しい生活を思わせる
Wベリーの華やかなサラダ
爽やかなりんご酢のドレッシングで！

材料(2人分)

- A くるみ…30g
  - グリーンリーフ(ひと口大)…40g
  - トレビス(ひと口大)…20g
  - ブロッコリースプラウト…10g
  - ブルーベリー…8粒
  - ラズベリー…8粒
- B りんご酢…大さじ2
  - 砂糖…大さじ1
  - 塩…小さじ⅛
  - 黒こしょう…少々
  - エキストラバージンオリーブオイル
  - …小さじ2

つくりかた

1. くるみは予熱なしのオーブンでローストし(170℃ 約10分)、粗くくだく。
2. ボウルにAと混ぜ合わせたBを入れ、和える。
3. 器に盛り付ける。

STORY

美しさを妬む継母から命を狙われ、森へ逃げた白雪姫。動物たちに案内されてやってきたのは7人の小人たちが暮らす、かわいいおうちでした。その小さなおうちで、白雪姫は、動物たちに囲まれながら、小人たちのために掃除をしたり、料理をつくったり、毎日を楽しく過ごしていました。

クリームチーズがアクセント
丸ごとりんごのかわいいスイーツ

RECIPE 40
白雪姫の焼きりんご

材料(2個分)

- りんご(紅玉)…2個
- クリームチーズ…40g
- A グラニュー糖…大さじ3
-   レモンのしぼり汁…小さじ½
- シナモンスティック…2本
- 溶かしバター(食塩不使用)…5g

つくりかた

1. りんごはよく洗い、芯のまわりに包丁で切り込みを入れ、底が抜けないようにスプーンで芯をくり抜く。りんごのまわり全体にフォークで数ヶ所穴をあけておく。

2. ボウルに室温に戻したクリームチーズとAを入れて混ぜ合わせる。

3. りんごの中心に2を詰め、シナモンスティックをさす。

4. クッキングシートを敷いた天板にのせ、りんごの表面にはけで溶かしバターを塗り、予熱したオーブンで焼く(180℃ 約30分)。

5. 器に盛り付ける。

白雪姫の森の果実レシピ
Snow White

RECIPE 41
りんごのヴィシソワーズ

王子様とのキスを夢見て♥
ほんのり甘酸っぱいりんごのスープを

材料(2人分)

- りんご(皮なし いちょう切り)…140g(★)
- じゃが芋(いちょう切り)…40g
- バター…10g
- グラニュー糖…小さじ2
- 水…100mℓ
- A 牛乳…160mℓ
- │ 生クリーム…10g
- 岩塩…少々
- B りんご(皮付き1cm角)…30g
- │ グラニュー糖…小さじ1
- │ 水…小さじ2
- │ レモンのしぼり汁…小さじ½

つくりかた

1. 耐熱容器にBを入れ、ラップをふんわりとかけ、電子レンジで加熱し(500W 約3分)、冷ましておく。

2. 鍋にバターを熱し、りんご(★)、じゃが芋を入れ、まわりが透き通ってくるまで炒め、グラニュー糖を加えてからめるように炒める〈POINT〉。

3. 水を加えてフタをして、沸騰したら弱火にして加熱し、粗熱を取る。

4. ミキサーに3を入れ、なめらかになるまで撹拌し、ボウルに移してAを加えて混ぜ、岩塩で味をととのえ、冷蔵庫で冷やす(30分〜)。

5. 器に盛り付け、1を飾る。

〈 POINT 〉

りんごとじゃが芋は、まわりが透き通るまで炒めます。

65

リトル・マーメイドの
ラグーンレシピ

キラキラ光る水面の反射、岩にくだける水しぶき。

赤やオレンジ、黄色、カラフルに彩られた魚や貝。

ぷくぷく上昇していく気泡でさえ光の粒に見える。

そこはまるで、輝く宝石をちりばめたような海の中の世界。

そんな世界に住む人魚が人間の男性と出会い、

恋をして素敵なラブストーリーが生まれました。

キュンと切なくなる物語に浸りながら、

「リトル・マーメイド」の世界を味わって。

アリエルのように夢と希望で胸がいっぱいになりそう。

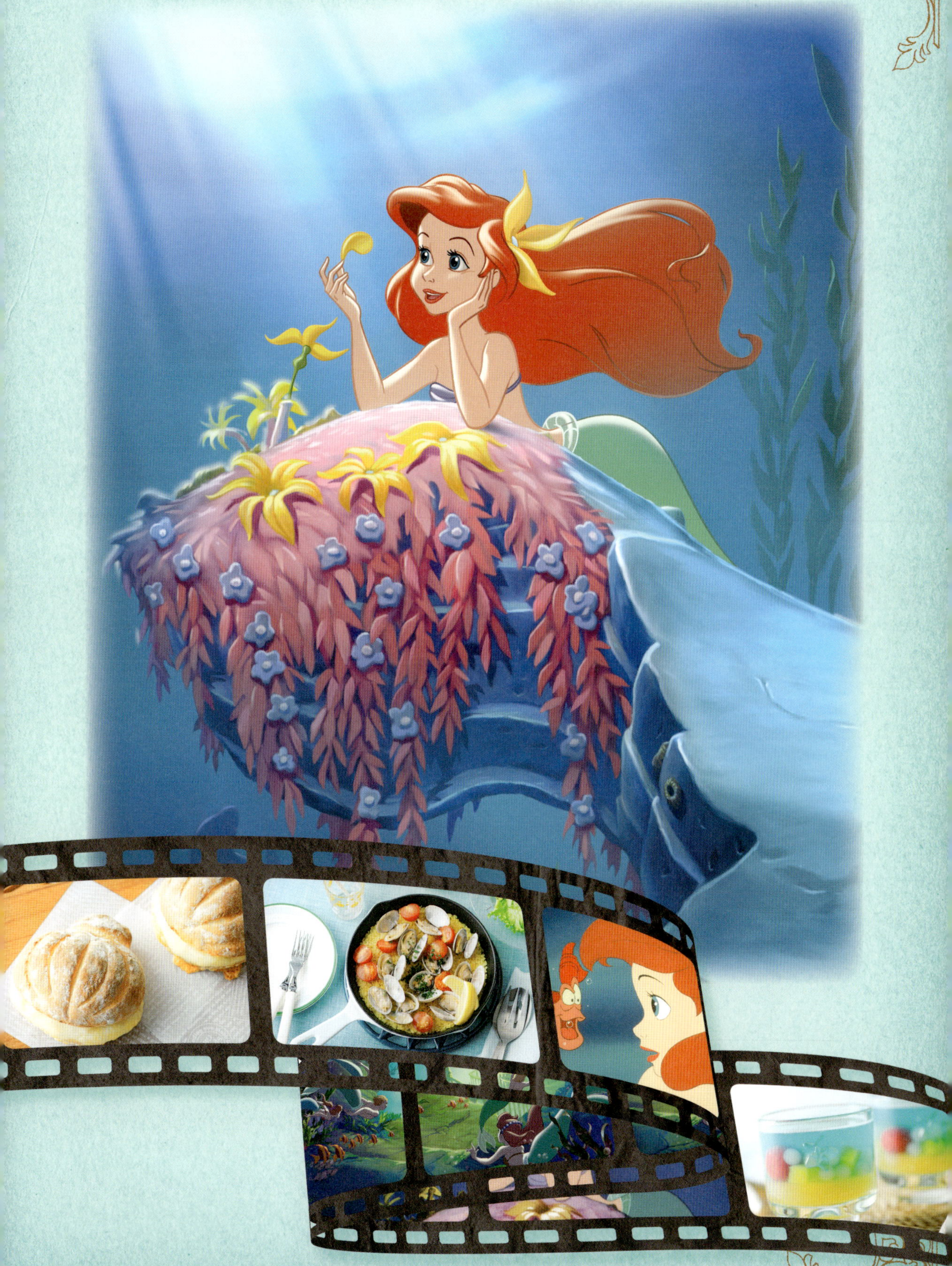

RECIPE 42
あさりのフライパンパエリア

材料（2人分）

- あさり（殻付き）…150g
- 白ワイン…80㎖
- あさりの蒸し汁＋水…220㎖
- サフラン…小さじ⅛
- オリーブオイル…小さじ1
- にんにく（みじん切り）…1片分
- 玉ねぎ（みじん切り）…60g
- 米…120g
- 黄パプリカ（1㎝角）…40g
- A
  - コンソメ（顆粒）…小さじ½
  - ローリエ…1枚
  - 塩…小さじ⅛
  - 黒こしょう…少々
- ミニトマト（縦半分）…4個分
- パセリ（みじん切り）…適量
- レモン（くし形切り）…¼個分

つくりかた

下準備
あさりは塩水（分量外）に入れ、アルミホイルなどでフタをして冷暗所に置き、砂出しする。流水でこすり洗いしておく。

1. 鍋にあさりと白ワインを入れ、フタをして口が開くまで加熱する。ぬらして硬くしぼったキッチンペーパーを敷いたザルでこす（あさりの蒸し汁）。そこに水（合わせて220㎖になる量）とサフランを加え、人肌に温める（★）。

2. フライパンにオリーブオイル、にんにくを入れて熱し（弱火）、香りが出たら玉ねぎを加えて、しんなりするまで炒める。

3. 米を加えて透き通るまで炒め、黄パプリカを加え、炒める。

4. 1の★とAを加え、均一に混ぜて表面をならし、水分がほぼなくなるまで加熱する。

5. 1のあさり、ミニトマトを均一にのせ、フタをして炊き（弱火 約12分）、蒸らす（10分～）。

6. パセリをちらし、レモンを添える。

**あさりがたっぷり！
彩り鮮やかなごちそうパエリア**

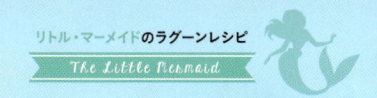

リトル・マーメイドのラグーンレシピ
The Little Mermaid

アリエルが暮らす美しい海の世界を
海藻たっぷりのサラダで表現

RECIPE 43
マーメイドラグーンの海藻サラダ

材料（2人分）

- A グリーンリーフ（ひと口大）…40g
  - 紫玉ねぎ（薄切り）…30g
  - きゅうり…40g
  - アボカド（1.5cm角）…60g
- 海藻ミックス…5g
- B 酢…大さじ1
  - しょうゆ…小さじ2
  - 砂糖…小さじ1½
  - 白すりごま…小さじ1
  - ごま油…小さじ½

つくりかた

1. きゅうりは縦半分に切り、斜め薄切りにする。
2. 海藻ミックスは水（分量外）に入れて戻す（戻し時間はパッケージの表示時間を参照）。
3. ボウルにAを入れ、混ぜる。
4. 器に3を盛り付け、2をのせ、混ぜ合わせたBをかける。

STORY

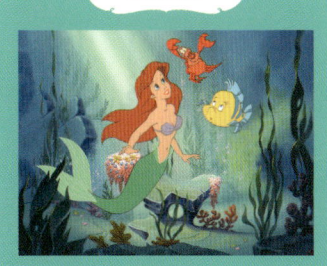

人間の世界に憧れる、愛らしく、美しい声を持つ人魚のお姫様アリエル。人間の王子と出会い恋に落ちたアリエルは、海の魔女アースラの力で声と引き換えに、条件つきで足を手に入れることに。さっそくアリエルは王子のもとへ行くのですが……。

RECIPE 44
リトル・マーメイドの海色レモンゼリー

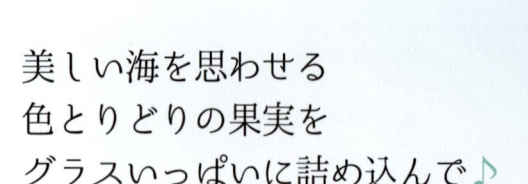

美しい海を思わせる
色とりどりの果実を
グラスいっぱいに詰め込んで♪

材料(140mlの容器2個分)

- パイナップルジュース…30ml
- グラニュー糖…小さじ1(▲)
- A 粉ゼラチン…1g
- 　冷水…5ml
- 炭酸水…120ml
- グラニュー糖…大さじ1(★)
- かき氷シロップ(青)…小さじ1½
- レモンのしぼり汁…小さじ1½
- B 粉ゼラチン…3g
- 　冷水…15ml
- C タピオカ…10g
- 　パイナップル(缶・7mm角)…20g
- 　さくらんぼ(缶・軸を除く)…2個

つくりかた

下準備

AとBの粉ゼラチンはそれぞれ冷水にふり入れて戻し(10分〜)、使う直前に電子レンジで加熱し、溶かしておく(500W 20秒〜)。

1. タピオカは熱湯(分量外)で茹で(茹で時間はパッケージの表示時間を参照)、冷水に取り、ザルにあげて水気を切る。

2. 耐熱容器にパイナップルジュース、グラニュー糖(▲)を入れる。電子レンジで加熱し(500W 約30秒)、グラニュー糖を混ぜ溶かして冷ます。

3. 2にAを加えて混ぜ、グラスに分け入れ、冷蔵庫で冷やし固める(30分〜)。

4. 耐熱容器に炭酸水(20ml)、グラニュー糖(★)を入れ、電子レンジで加熱し(500W 約20秒)、グラニュー糖を混ぜ溶かして冷ます。

5. 4にB、残りの炭酸水、かき氷シロップ、レモンのしぼり汁を加えて混ぜる。

6. 3にCを分け入れ、5を注ぎ、冷蔵庫で冷やし固める(60分〜)。

リトル・マーメイドのラグーンレシピ
The Little Mermaid

RECIPE 45
ほたてチャウダーのシェルバーガー

つくりかた

下準備
バターは室温に戻しておく。

1. ボウルにAを入れ、ぬるま湯を加えて混ぜる。まとまったら台の上でこねる。4等分にして丸め、ぬれ布巾をかけて休ませる（約10分）。

2. ガス抜きをし、丸め直す。閉じめを横にして台にのせ、生地の表面の1/3位のところを押さえ、手をあてたままころがし、くびれを作る。大きい方の生地を上から押さえて直径約10cmの貝殻の形にととのえ、強力粉を全体につける。クッキングシートを敷いた天板にのせ、キャンバス地、ぬれ布巾をかけ、発酵させる（40℃ 約30分）。

3. 耐熱容器にBを入れ、ラップをかけ、電子レンジで加熱する（500W 約1分）。薄力粉をふるい入れ、よく混ぜる。Cを2回に分けて加えよく混ぜ、Dを加えてラップをかけ、電子レンジで加熱する（500W 約1分30秒）。

4. 3を混ぜてEを加え、ラップをかけて加熱する（500W 1分）。さらによく混ぜ、粗熱を取る。

5. 2の生地の表面に切り込みをいれ、予熱したオーブンで焼く（210℃ 約12分）。

6. 焼き上がったら、横半分に切り（切り離さず、2cm位つながっている状態）、4、ピザ用チーズを間にはさみ、予熱したオーブンでさらに焼く（250℃ 約8分）。

材料（4個分）

A 強力粉…140g
　薄力粉…60g
　インスタントドライイースト…小さじ1⅓
　砂糖…大さじ1½
　塩…小さじ½
　バター（食塩不使用）…10g
ぬるま湯…120〜130mℓ
強力粉…大さじ1

【ほたてチャウダー】

B 玉ねぎ（みじん切り）…50g
　バター（食塩不使用）…10g
薄力粉…15g
C 牛乳…130mℓ
　ほたて（缶）汁…大さじ1
D コンソメ（顆粒）…小さじ1
　塩…少々
　白こしょう…少々
E ほたて（缶）…20g
　マッシュルーム（缶・スライス）…20g
ピザ用チーズ…30g

ほたて貝のパンなんて素敵！冷めないうちに、さあ、どうぞ♪

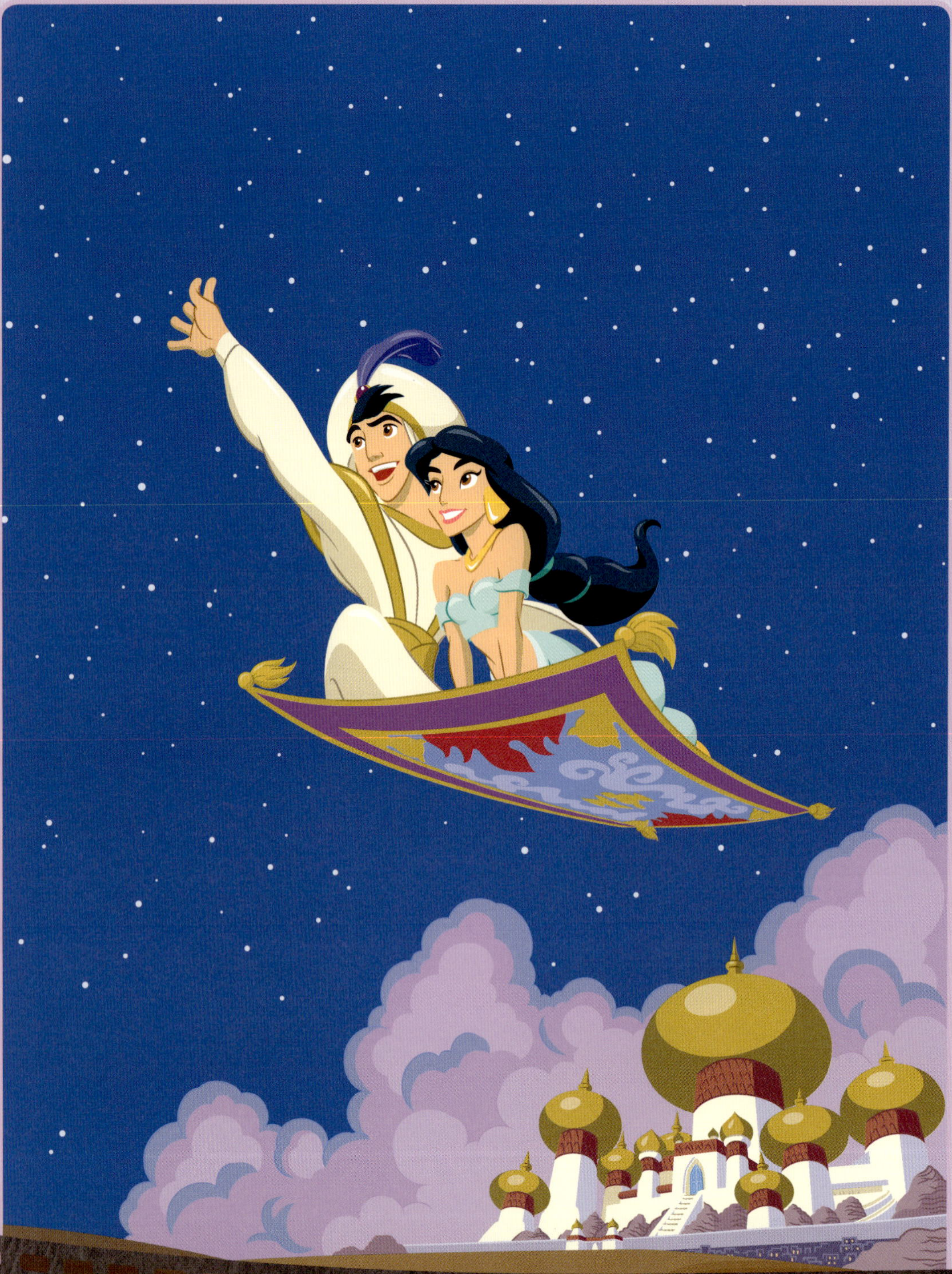
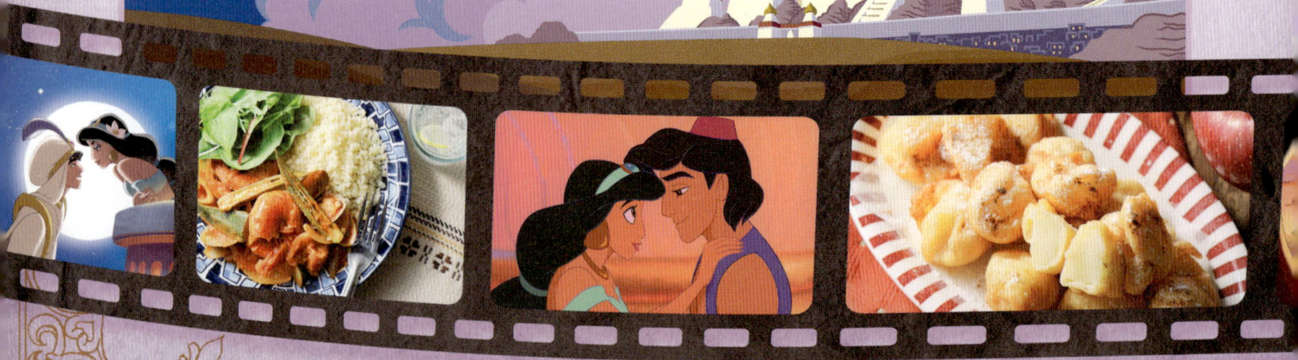

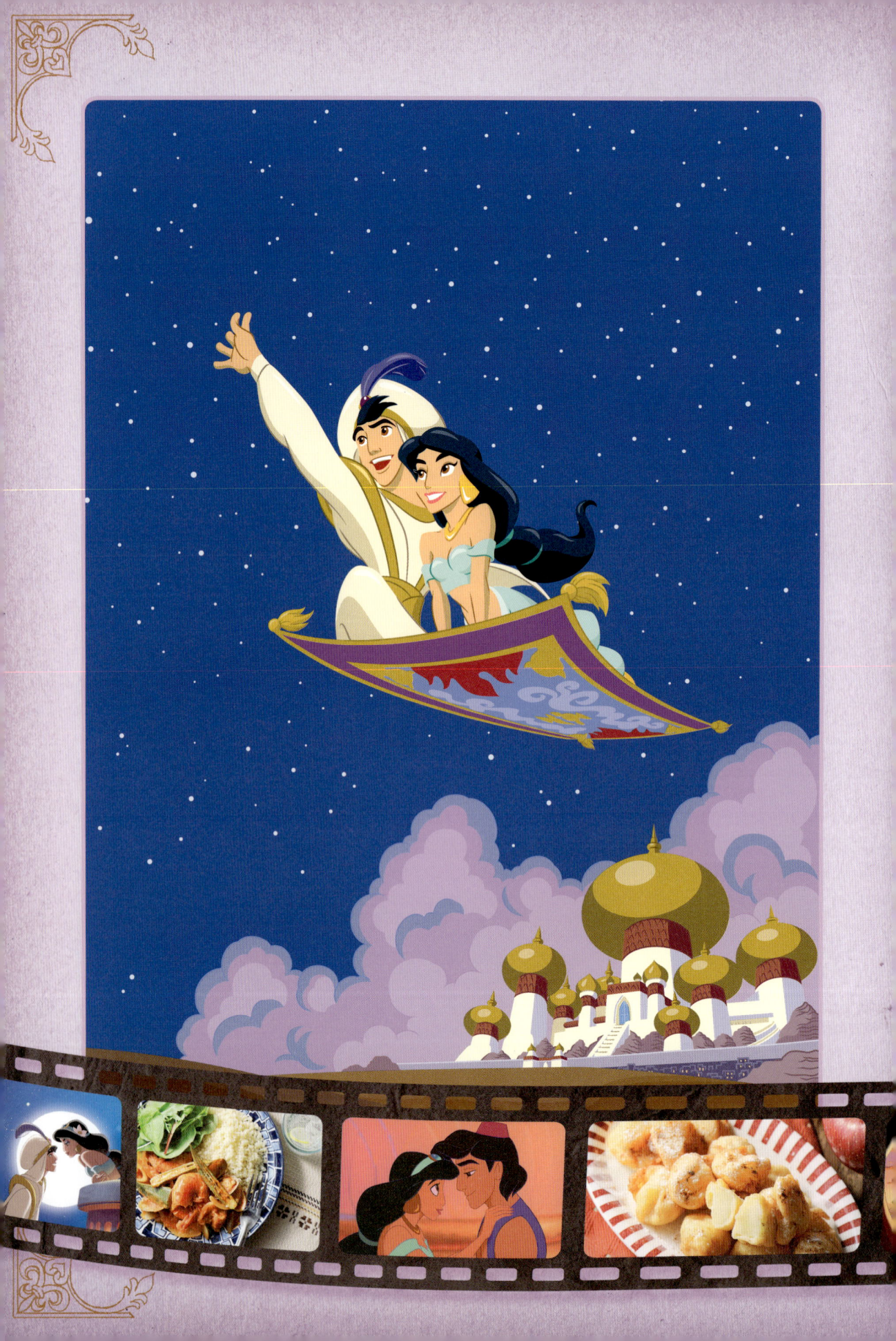

アラジンの
アラビアンレシピ

見せてあげよう奇跡に満ちた自由の世界。

アラジンとジャスミンを乗せて

魔法の絨毯は星が瞬く大空へ。

このまま2人きりでいつまでもいたい……。

ランプの魔人、ジーニーの魔法によって

再び出会い、素敵な時を過ごしたアラジンとジャスミン。

そんな夢を見ているような幻想的なシーンの数々を

エキゾチックなお料理にちりばめました。

アラジンのテーマ曲「ホール・ニュー・ワールド」を

聴きながら、うっとりとお食事を楽しんで。

立ちのぼる湯気とエキゾチックな香りは
ランプから飛び出すジーニーのよう!?
異国情緒漂うアラジンの料理の世界を
空飛ぶ絨毯に乗って旅しよう♥

アラジンのアラビアンレシピ
Aladdin

RECIPE 46
アラジンとジーニーの チキンレモン蒸し

材料(2人分)

- 鶏むね肉…240g
- A 塩…小さじ⅛
  - 黒こしょう…少々
  - ジンジャーパウダー…少々
  - オリーブオイル…小さじ1
- レモン(厚さ2mm半月切り)…¼個分
- 塩…小さじ¼
- オリーブオイル…小さじ1
- にんにく(つぶす)…4g
- 小玉ねぎ(横半分)…2個分
- ズッキーニ(輪切り)…50g
- 赤パプリカ(乱切り)…60g
- 黄パプリカ(乱切り)…60g
- クミンパウダー…小さじ¼
- コリアンダーパウダー…小さじ¼
- グリーンオリーブ…8個
- 白ワイン…20㎖
- イタリアンパセリ…適量

つくりかた

下準備
・鶏むね肉は食べやすい大きさにそぎ切りにし、Aで下味をつけておく。
・レモンは塩をまぶしておく(塩レモン)。

1. 鍋にオリーブオイル、にんにくを入れて加熱し、香りを出す。
2. 小玉ねぎ、ズッキーニ、パプリカを加え、さっと炒める。
3. クミンパウダー、コリアンダーパウダーを加え、炒める。
4. 3の野菜を広げ、鶏むね肉、グリーンオリーブ、塩レモンをのせ、白ワインを入れてフタをし、蒸し焼きにする(弱火 5分〜)。
5. フタをあけて全体を軽く混ぜ、器に盛り付け、イタリアンパセリを飾る。

STORY

砂漠の王国であるアグラバーに住む、貧しい若者アラジン。ときには生きるために盗みを働くこともありますが、心はとってもピュアで優しく、大きな夢や希望を持っていました。そんなある日、洞窟で魔法のランプを手に入れて、ランプの魔人・ジーニーの魔法の力で王子に変身。王女ジャスミンとの結婚を願いますが、王国を支配しようと企む邪悪な魔法使い、ジャファーに邪魔をされてしまいます。ジャスミンと王国を守るため、アラジンは命をかけて戦うことに。

RECIPE 47
アグラバー宮殿の クスクスプレート

砂漠と宮殿のある街の雰囲気を
トマト煮込みと
クスクスのワンプレートで味わって

材料(2人分)

- 海老(殻付き)…4尾
- 塩・黒こしょう…各少々
- あさり(殻付き)…100g
- オリーブオイル…小さじ1(▲)
- にんにく(みじん切り)…4g
- 玉ねぎ(くし形切り)…80g
- ズッキーニ(乱切り)…80g
- A トマト(2cm角)…1個分
  - トマトピューレ…40g
  - コンソメ(顆粒)…小さじ¼
- 塩…小さじ¼
- 黒こしょう…少々
- レッドペッパー…少々
- オクラ(縦半分)…4本分
- クスクス…60g
- オリーブオイル…小さじ2(★)
- B 熱湯…120ml
  - コンソメ(顆粒)…小さじ⅛
  - 塩…少々
- ベビーリーフ…20g

つくりかた

下準備

・海老は殻付きのまま背に切り込みを入れて背ワタを除き、塩水(分量外)、真水で洗い、水気を切り、塩、黒こしょうで下味をつけておく。
・あさりは塩水(分量外)につけ、アルミホイルをかけて冷暗所で砂出しをし、流水でこすり洗いしておく。

1. フライパンにオリーブオイル(▲)を熱し、海老を入れて炒める。

2. 海老を取り出し、フライパンの粗熱を取る。にんにくを入れて加熱し、香りが出たら、あさり、玉ねぎ、ズッキーニを加え、炒める。

3. A加え、トマトをつぶしながら煮詰める。

4. 塩、黒こしょう、レッドペッパーで味をととのえ、オクラ、海老を加え、フタをして蒸らす(5分〜)。

5. 別のフライパンにオリーブオイル(★)を熱し、クスクスを炒める。Bを加え、水分がほぼなくなるまで加熱し、フタをして蒸らす(10分〜)。

6. 器に4、5、ベビーリーフを彩りよく盛り付ける。

アラジンのアラビアンレシピ
Aladdin

材料(2人分)

- 牛挽き肉…80g
- 黒こしょう…少々
- パプリカパウダー…小さじ1
- オリーブオイル…小さじ1
- 玉ねぎ(粗みじん切り)…80g
- セロリ(粗みじん切り)…50g
- じゃが芋(1cm角)…80g
- 香菜(ざく切り)…2本分
- ひよこ豆(水煮)…40g
- レッドキドニービーンズ(水煮)…40g
- レンズ豆…10g
- A カットトマト(水煮)…140g
  - 水…540ml
  - コンソメ(顆粒)…小さじ½
- 塩…小さじ¼
- 黒こしょう…少々
- ジンジャーパウダー…小さじ¼

つくりかた

1. 鍋にオリーブオイルを熱し、玉ねぎ、セロリ、香菜の茎を入れて炒める。
2. 黒こしょうとパプリカパウダーで下味をつけた牛挽き肉を加え、ほぐしながら炒める。
3. じゃが芋を加え、ふちが透き通る位まで炒める。
4. ひよこ豆、レッドキドニービーンズ、レンズ豆を加え、さっと炒める。
5. Aを加えてひと煮立ちさせ、アクを除きながら煮込む(弱～中火 約60分)。
6. 塩、黒こしょう、ジンジャーパウダーで味をととのえ、器に盛り付け、香菜の葉をちらす。

具だくさんなスープの
燃えるような赤でアラジンとジャファーの
熱い戦いを思い出す!?

RECIPE 48
アラジン VS ジャファーの 真っ赤な豆のスープ

RECIPE 49
アブーの アップルベニエ

材料(24個分)

- りんご(ひと口大)…1個分
- A 卵黄…1個分
-   ブラウンシュガー…10g
- 牛乳…60ml
- 薄力粉…50g
- B 卵白…1個分
-   ブラウンシュガー…10g
- 揚げ油…適量
- 粉糖(溶けにくいタイプ)…適量
- シナモンパウダー…少々

つくりかた

1. ボウルにAを入れ、白っぽくなるまで泡立てる。
2. 牛乳を加えて混ぜ、薄力粉をふるい入れ、ゴムベラで切り混ぜる。
3. 別のボウルにBを入れ、角が立つまで泡立てる。
4. 2に3を2回に分けて加え、その都度切り混ぜる。
5. りんごを4にくぐらせ、170℃の揚げ油できつね色になるまで揚げる。
6. 器に盛り付け、粉糖とシナモンパウダーをかける。

アブーの大好きなりんごに衣をつけてふわふわの食感に

アラジンのアラビアンレシピ
aladdin

RECIPE 50
ジャスミンの ジュエルゼリー ポンチ

ジャスミンの
神秘的な美しさを思わせる
フレッシュベリー＆キラキラのゼリー

材料（2人分）

- 炭酸水…160㎖
- ラズベリージャム…20g
- 水…160㎖
- グラニュー糖…大さじ1
- A 粉ゼラチン…10g
-   冷水…50㎖
- かき氷シロップ（青）…小さじ2
- いちごリキュール…大さじ1
- レモンのしぼり汁…小さじ2
- ブルーベリー…4粒
- ラズベリー…2粒
- レモン（厚さ2㎜輪切り）…2枚
- ミントの葉…適量

つくりかた

下準備
粉ゼラチンは冷水にふり入れて戻しておく（10分〜）。

1. 鍋に水、グラニュー糖を入れ、ひと煮立ちさせ、粗熱を取る。Aを加え、混ぜ溶かす。

2. 3等分に分け、かき氷シロップ、いちごリキュール、レモンのしぼり汁をそれぞれに加え、混ぜる。それぞれ容器に入れ、冷蔵庫で冷やし固める（30分〜）。固まったら取り出し、1.5㎝角に切る。

3. 器にラズベリージャムを入れ、炭酸水を注ぎ、2、ブルーベリー、ラズベリーを分け入れる。

4. 切り込みを入れたレモンとミントの葉を飾る。

ふしぎの国のアリスの
ワンダーレシピ

パンでできたチョウチョが飛び交う不思議な森を抜けて

迷い込んだ庭では、へんてこパーティの真っ最中。

「なんでもない日ばんざい！」

誕生日以外の日を祝うマッド・ティーパーティ。

何十人も座れそうなテーブルには

マッド・ハッターと三月ウサギのたった2人だけ。

彼らはクルクルクルクル席を替わり、

歌って騒いでばかり！

お茶が1滴も飲めない不思議なお茶会でした。

アリスのワンダー・ランドに一緒に迷い込んでみませんか。

さあ、夢のお茶会を始めましょう♪

Walt Disney's Classic
ALICE in WONDERLAND

RECIPE 51
アリスの アフタヌーンティーサンドイッチ

材料(2人分)

- 食パン(サンドイッチ用)…4枚

【フルーツサンド】
- A りんご(厚さ1cmいちょう切り)…½個分
-   砂糖…10g
- パイナップル(缶・8等分)…1枚分
- サワークリーム…30g
- はちみつ…15g
- 生クリーム…20g

【キャロットサンド】
- にんじん(せん切り)…50g
- B 酢…大さじ½
-   粒マスタード…小さじ½
-   はちみつ…小さじ½
-   塩…少々
-   オリーブオイル…小さじ1
- バター…2g
- ロースハム…2枚

つくりかた

【フルーツサンド】

1. Aを合わせて耐熱容器に入れ、ラップをふんわりとかけ、電子レンジで加熱する(500W 約3分)。ザルにあげ、水気を切る。

2. ボウルにサワークリーム、はちみつを入れ、クリーム状にする。生クリームを2回に分けて加えて混ぜ、8分立てにする。

3. 1とパイナップルを加えて軽く混ぜ、食パンにのせる。もう1枚の食パンを重ね4等分に切る。

【キャロットサンド】

1. にんじんにBを加えてマリネする。

2. 食パン(1枚)にバターを塗り、ロースハムと1をのせ、もう1枚の食パンを重ね4等分に切る。

3. フルーツサンドとキャロットサンドを器に盛り付ける。

STORY

昼下がりにお姉さんの退屈な朗読を聞いていると、懐中時計を持った白ウサギがアリスの前を駆けていきました。慌てて後を追い、穴に飛び込んだアリスがたどり着いた先は、「すべてがとんちんかん」な世界。クッキーやニンジン、きのこを食べて体が大きくなったり縮んだり。白ウサギを追い、森の奥へと行くと、「なんでもない日」を祝う奇妙なお茶会をしている、マッド・ハッターと三月ウサギに出会いました。白ウサギの行方を聞くためアリスはお茶会に参加しますが、話がなかなか通じず、せわしなく席を移動させられ、ゆっくりとお茶も飲むことができないなんともへんてこなお茶会を体験します。

ふしぎの国のアリスのワンダーレシピ
Alice in Wonderland

マスタード風味のキャロットサンドと
クリームたっぷりフルーツサンド
どちらがお好き？

RECIPE 52
チェシャ猫のサラダ

材料(2人分)

- むらさき芋(1cm角)…140g
- くるみ…5g
- 冷凍パイシート…30g
- クリームチーズ…40g
- 塩・黒こしょう…各少々
- メープルシロップ…小さじ½

つくりかた

1. くるみは予熱なしのオーブンでローストし(170℃ 6〜7分)、粗くくだく。

2. 冷凍パイシートは12×12cm位にのばし、チェシャ猫のしっぽの形に切る〈POINT〉。クッキングシートを敷いた天板にのせ、上からクッキングシートをかぶせる。さらに網をのせ、予熱したオーブンで焼く(190℃ 18分〜)。

3. むらさき芋は耐熱容器に入れ、ふんわりとラップをかけ、電子レンジで加熱する(500W 約3分)。

4. 熱いうちにつぶし、塩、黒こしょうを加えて、混ぜる。

5. 4にクリームチーズを加え、混ぜる。

6. 器に盛り付け、1、2を飾り、メープルシロップをかける。

〈POINT〉
パイシートを、チェシャ猫のしっぽの形に切ります。

突然、現れては消える！
気まぐれ猫のしっぽが
甘いむらさき芋のサラダに！

RECIPE 53
アリスの
ベリー ♥ ベリーフロマージュ

クリームチーズと
ベリーのハーモニー
口の中で優雅なステップを♪

材料（6個分）

- A 強力粉…110g
  - 薄力粉…30g
  - インスタントドライイースト…小さじ1
  - 砂糖…大さじ1½
  - 溶き卵…½個分
  - 塩…小さじ¼
  - バター（食塩不使用）…20g
- ぬるま湯…50〜60ml
- B クリームチーズ…50g
  - 砂糖…20g
  - コーンスターチ…小さじ1
  - レモンのしぼり汁…小さじ½
- ラズベリージャム…5g
- ブルーベリージャム…5g
- 溶き卵（塗り用）…適量
- 粉糖…適量
- C ラズベリー（冷凍）…30g
  - ラズベリージャム…20g
- D ブルーベリー（冷凍）…30g
  - ブルーベリージャム…20g

つくりかた

下準備
卵、バターは室温に戻しておく。

1. ボウルにAを入れぬるま湯を加え、混ぜる。まとまったら台の上でこねる。丸めてボウルに入れ、ラップをかけ、発酵させる（40℃ 約30分）。

2. ボウルにBを入れて混ぜ、2等分にし、それぞれにラズベリージャム、ブルーベリージャムを加え、さらに混ぜる。

3. 1のガス抜きをし、6等分にして丸め、ぬれ布巾をかけて休ませる（約10分）。

4. 閉じめを上にして、直径12cmにのばし、フォークで穴をあける。直径7cmの紙型に沿わせるように敷き込み、2を分け入れる（各3個ずつ）。天板にのせ、ラップ、ぬれ布巾をかけ、発酵させる（40℃ 約20分）。

5. 生地の表面にはけで卵を塗り、予熱したオーブンで焼く（180℃ 約14分）。

6. 粗熱を取り、粉糖をかけ、中身のクリームに合わせて、混ぜ合わせたCとDをそれぞれのせる。

ふしぎの国のアリスのワンダーレシピ
Alice in Wonderland

85

意地悪だけど
憎めない女王様カラーの
真っ赤なスープを
召し上がれ

RECIPE 54
ハートの女王の トマトのスープ

材料(2人分)

- 玉ねぎ(薄切り)…60g
- サラダ油…小さじ1
- にんにく(みじん切り)…5g
- A カットトマト(水煮)…200g
  - 水…120㎖
  - コンソメ(顆粒)…小さじ1
  - 砂糖…小さじ½
- クルトン…5g

つくりかた

1. 鍋にサラダ油、にんにくを入れ、加熱する(弱火)。
2. 玉ねぎを加え、油がなじむまで炒める。
3. Aを加えて加熱し、火を止め粗熱を取る。
4. ミキサーに3を入れ、なめらかになるまで撹拌し、鍋に戻し入れ温める。
5. 器に盛り付け、クルトンを飾る。

サクサクのクッキーに
とろ〜りジャムをサンド
トランプの騎士たちが
おいしいスイーツに!

材料（4枚分）

- バター（食塩不使用）…30g
- 粉糖…15g
- 牛乳…5㎖
- 薄力粉…50g
- ラズベリージャム…20g

つくりかた

下準備
バターは室温に戻しておく。

1. ボウルにバターを入れ、クリーム状になるまで混ぜる。粉糖をふるい入れ、牛乳を加えて混ぜる。

2. 薄力粉をふるい入れ、ひとまとまりになるまでゴムベラで切り混ぜる。

3. ラップに包み、12×16cmにのばし、冷蔵庫で冷やす（20分〜）。

4. 3を6×4cmになるように切り（8枚）、4枚はハートの型で抜く。

5. クッキングシートを敷いた天板にのせ、予熱したオーブンで焼く（170℃ 12分〜）。

6. 粗熱を取り、4枚のクッキーの中央にラズベリージャムを塗り、ハート型で抜いたクッキーでサンドする。

RECIPE 55
トランプの ジャムサンド クッキー

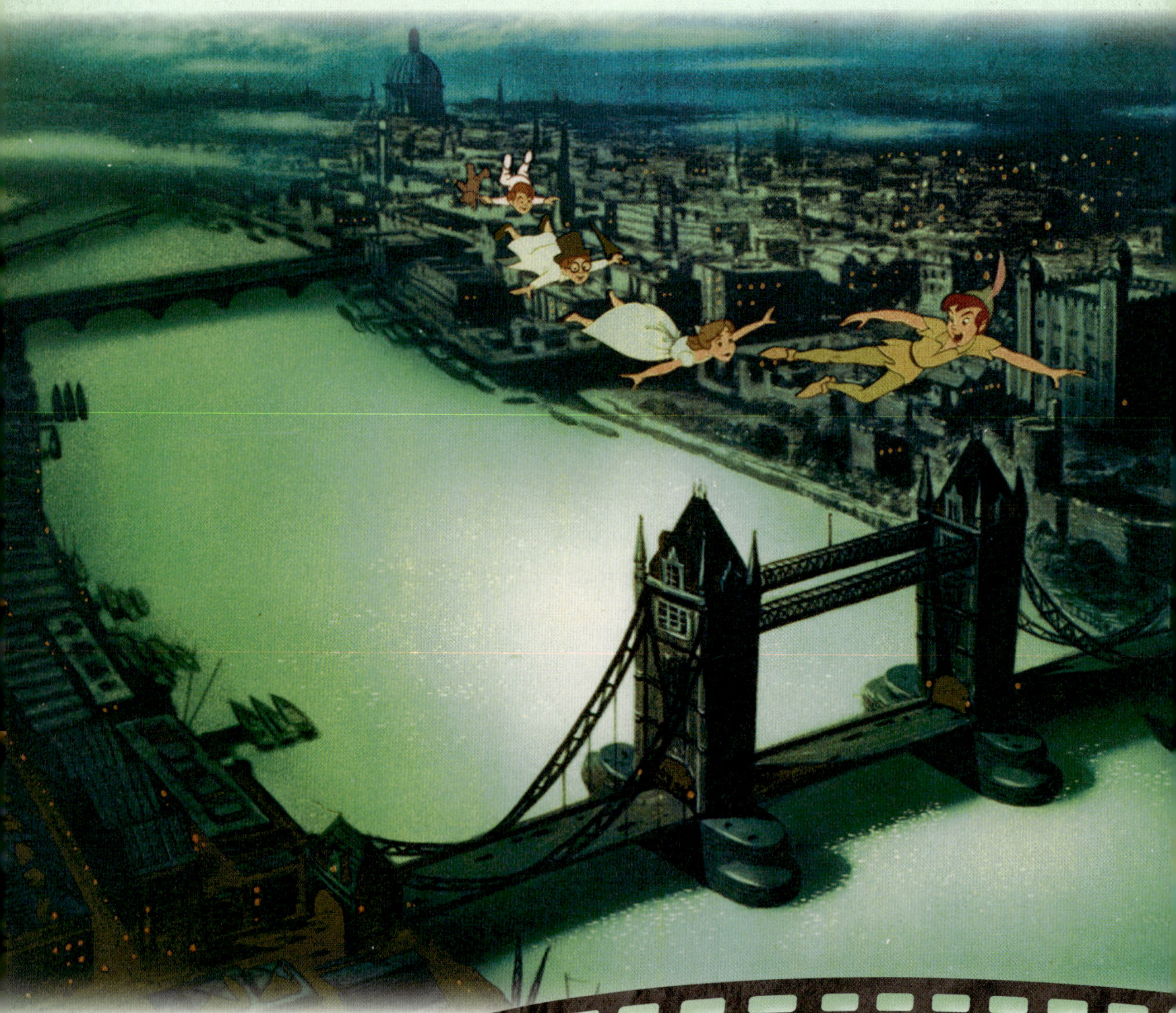

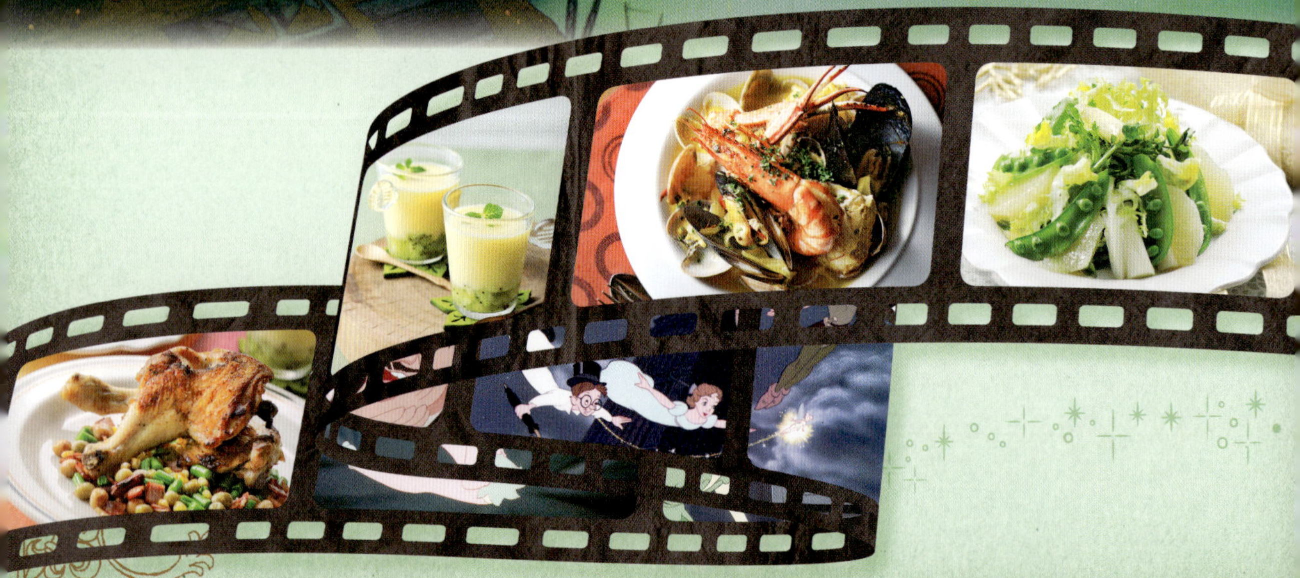

ピーター・パンの
ネバーランドレシピ

キュートなティンカー・ベルが

キラキラ光るピクシーダストを振りまいて……。

決してどこにもない国、

大人にならなくてもいい夢の島——

"ネバーランド"へ向けてロンドンの夜空に飛び立つ

ピーター・パンと子どもたち。

意地悪な人魚やちょっと怖いフック船長が待っている島で

どんなことが起こるかわからない冒険旅行が始まります。

ドキドキの瞬間を1枚のお皿に託し、

そのおいしくてハッピーな出会いにときめいて。

ボリューム満点の骨付きチキングリルは
豪快にいただくのが海賊流！

RECIPE 56
フック船長の骨付きチキングリル〜サコタッシュ添え〜

材料 (2人分)

- 鶏もも骨付き肉…2本
  (1本200g前後)
- 塩…小さじ½
- 黒こしょう…少々
- にんにく(薄切り)…8g
- オリーブオイル…小さじ½
- さやいんげん(幅1cm)…8本分
- コーン(缶)…20g
- ミックスビーンズ(水煮)…50g
- ベーコン(1cm色紙切り)…20g
- オリーブオイル…小さじ½
- ハーブソルト…少々

つくりかた

1. 鶏肉は余分な水気と脂肪を除き、骨に沿って切り込みを入れ、関節の筋を切る。全体に塩、黒こしょうをすりこみ、皮と肉の間ににんにくを差し込む。

2. フライパンにオリーブオイルを熱し、1を皮面から香ばしく焼き、裏返して肉の面も焼く。

3. クッキングシートを敷いた天板に皮面を上にして置き、予熱したオーブンで焼く(220℃ 15分〜)。

4. 2のフライパンにオリーブオイルを加え、ベーコンを炒めて脂が出てきたら、さやいんげん、コーン、ミックスビーンズ、ハーブソルトを加え炒める。

5. 器に4を敷き、3を盛り付ける。

ピーター・パンのネバーランドレシピ
Peter Pan

RECIPE 57
ティンカー・ベルのサラダ

材料(2人分)

A エディブルフラワー(黄)…8個
　エンダイブ(ひと口大)…20g
　クレソン(長さ5cm)…20g
　ルッコラ(長さ5cm)…20g
　スナップえんどう…6本
　ホワイトアスパラガス…2本
グレープフルーツ(ホワイト)…1個
塩…小さじ¼
黒こしょう…少々
エキストラバージンオリーブオイル
…小さじ2

つくりかた

下準備
・スナップえんどうはヘタと筋を除き、塩(分量外)を加えた熱湯で茹でる。
・ホワイトアスパラガスは酢(分量外)を加えた熱湯で茹で、粗熱を取り、長さ3cm位に切る。

1. グレープフルーツは皮と薄皮をむく。むいた薄皮の部分をしぼる(果汁 大さじ2)。

2. ボウルに果汁、塩、黒こしょうを入れてよく混ぜ溶かし、エキストラバージンオリーブオイルを少しずつ加えながら混ぜる。

3. 器にA、1の果肉を彩りよく盛り付け、2をかける。

STORY

ロンドンで暮らすダーリング家の3人の姉弟は、お話の世界の憧れのピーター・パンと出会い、一緒にネバーランドへ行くことに。島中を探検したり、夢中で遊んだり……。でも、恐ろしいフック船長がピーター・パンをやっつけようと狙っています。

グレープフルーツとフラワーのサラダは
妖精好みの春色カラー

RECIPE 58
海の幸たっぷり！海賊のごちそうブイヤベース

かにや海老、ムール貝がどっさり！
魚介の旨みをギュッと濃縮した
贅沢なスープ

材料(2人分)

- かに(缶)…20g
- オリーブオイル…小さじ1
- A
  - にんにく(つぶす)…8g
  - 玉ねぎ(薄切り)…100g
  - セロリ(薄切り)…100g
  - オリーブオイル…小さじ1
- トマトペースト…小さじ1
- 海老(有頭)…2尾
- 渡りがに(切り身)…160g
- あさり(殻付き)…200g
- オリーブオイル…小さじ1
- 白ワイン…100mℓ
- B
  - サフラン…小さじ1/4
  - ぬるま湯…100mℓ
- 水…300mℓ
- コンソメ(顆粒)…小さじ1/2
- 鯛(切り身)…50g×2切れ
- ムール貝…4個
- 塩・黒こしょう…各少々
- パセリ(みじん切り)…適量

つくりかた

下準備
- 海老はヒゲを5cm位残して切り、背の方から包丁で切り込みを入れ、背ワタを取り除き、塩水(分量外)、真水の順に洗い、水気を切っておく。
- あさりとムール貝は塩水(分量外)の中に入れ、アルミホイルなどでフタをして冷暗所に置き、砂出しをする。流水の下でこすり洗いしておく。

1. 鍋にオリーブオイルとかにを汁ごと入れ、きつね色になるまで香ばしく炒める(弱火)。

2. Aを加えてしんなりするまで炒める。量が半分位になってきたら、トマトペーストを加え、炒める(1分〜)。

3. フライパンにオリーブオイルを熱し、海老と渡りがにを炒める。あさりを加え、さらに炒める。

4. 白ワインを加え、アルコール分をとばし、旨みをこそげ落としながら、半量になるまで煮詰める。

5. 2の鍋に4を入れ、あらかじめ合わせておいたB、水、コンソメを加えひと煮立ちさせ、海老を取り出し、鯛を入れて煮込む(3分〜)。

6. ムール貝を加えてさらに煮込み(3分〜)、最後に海老を戻し入れ、塩、黒こしょうで味をととのえる。器に盛り付け、パセリをちらす。

ティンカー・ベルがピクシーダストをふりかけると
きらめく★いかの冷製パスタに!

RECIPE 59
空飛ぶ魔法のパスタ

材料(2人分)

- カッペリーニ…60g
- いかそうめん…40g
- 水菜(長さ4cm)…20g
- 市販のドレッシング(イタリアン)…小さじ4
- からすみパウダー…小さじ2

つくりかた

1. カッペリーニは塩(分量外)を入れた熱湯で茹でて(茹で時間はパッケージの表示時間を参照)、冷水で冷やして水気を切る。
2. ボウルにいかそうめん、水菜、1、ドレッシングを入れ、よく混ぜ合わせる。
3. 器に2を盛り付け、からすみパウダーをかける。

RECIPE 60
ピーター・パンとティンカー・ベルの スムージー

材料(2人分)
- パイナップル(ひと口大)…⅙個分
- プレーンヨーグルト…30g
- キウイフルーツ(1cm角)…1個分
- はちみつ…小さじ1
- ミントの葉…適量

つくりかた
1. キウイフルーツははちみつをからめ、水分が出てきたらつぶしてグラスに入れ、冷凍庫で凍らせる(30分〜)。
2. ミキサーにパイナップルとヨーグルトを入れ、なめらかになるまで撹拌する。
3. 1に注ぎ入れ、ミントの葉を飾る。

グリーンとイエローの
甘酸っぱいドリンクで
ピーター・パンと
ティンカー・ベルをイメージ